海上絲綢之路基本文獻叢書

吾妻鏡補（三）

〔清〕翁廣平 纂

文物出版社

圖書在版編目（CIP）數據

吾妻鏡補．三／（清）翁廣平纂．-- 北京 ：文物出版社，2023.3
（海上絲綢之路基本文獻叢書）
ISBN 978-7-5010-7964-3

Ⅰ．①吾… Ⅱ．①翁… Ⅲ．①日本－曆史－史料 Ⅳ．①K313.06

中國國家版本館 CIP 數據核字（2023）第 026336 號

海上絲綢之路基本文獻叢書
吾妻鏡補（三）

纂　　者：〔清〕翁廣平
策　　划：盛世博閱（北京）文化有限責任公司

封面設計：鞏榮彪
責任編輯：劉永海
責任印製：張　麗

出版發行：文物出版社
社　　址：北京市東城區東直門內北小街 2 號樓
郵　　編：100007
網　　址：http://www.wenwu.com
郵　　箱：web@wenwu.com
經　　銷：新華書店
印　　刷：河北賽文印刷有限公司
開　　本：787mm×1092mm　1/16
印　　張：14
版　　次：2023 年 3 月第 1 版
印　　次：2023 年 3 月第 1 次印刷
書　　號：978-7-5010-7964-3
定　　價：98.00 圓

總緒

海上絲綢之路，一般意義上是指從秦漢至鴉片戰争前中國與世界進行政治、經濟、文化交流的海上通道，主要分爲經由黄海、東海的海路最終抵達日本列島及朝鮮半島的東海航綫和以徐聞、合浦、廣州、泉州爲起點通往東南亞及印度洋地區的南海航綫。

在中國古代文獻中，最早、最詳細記載『海上絲綢之路』航綫的是東漢班固的《漢書·地理志》，詳細記載了西漢黄門譯長率領應募者入海『齎黄金雜繒而往』之事，書中所出現的地理記載與東南亞地區相關，并與實際的地理狀况基本相符。

東漢後，中國進入魏晋南北朝長達三百多年的分裂割據時期，絲路上的交往也走向低谷。這一時期的絲路交往，以法顯的西行最爲著名。法顯作爲從陸路西行到印度，再由海路回國的第一人，根據親身經歷所寫的《佛國記》（又稱《法顯傳》）一書，詳細介紹了古代中亞和印度、巴基斯坦、斯里蘭卡等地的歷史及風土人情，是瞭解和研究海陸絲綢之路的珍貴歷史資料。

隨着隋唐的統一，中國經濟重心的南移，中國與西方交通以海路爲主，海上絲綢之路進入大發展時期。廣州成爲唐朝最大的海外貿易中心，朝廷設立市舶司，專門管理海外貿易。唐代著名的地理學家賈耽（七三〇～八〇五年）的《皇華四達記》記載了從廣州通往阿拉伯地區的海上交通『廣州通夷道』，詳述了從廣州港出發，經越南、馬來半島、蘇門答臘半島至印度、錫蘭，直至波斯灣沿岸各國的航綫及沿途地區的方位、名稱、島礁、山川、民俗等。譯經大師義净西行求法，將沿途見聞寫成著作《大唐西域求法高僧傳》，詳細記載了海上絲綢之路的發展變化，是我們瞭解絲綢之路不可多得的第一手資料。

宋代的造船技術和航海技術顯著提高，指南針廣泛應用於航海，中國商船的遠航能力大大提升。北宋徐兢的《宣和奉使高麗圖經》詳細記述了船舶製造、海洋地理和往來航綫，是研究宋代海外交通史、中朝友好關係史、中朝經濟文化交流史的重要文獻。南宋趙汝適《諸蕃志》記載，南海有五十三個國家和地區與南宋通商貿易，形成了通往日本、高麗、東南亞、印度、波斯、阿拉伯等地的『海上絲綢之路』。宋代爲了加强商貿往來，於北宋神宗元豐三年（一〇八〇年）頒佈了中國歷史上第一部海洋貿易管理條例《廣州市舶條法》，并稱爲宋代貿易管理的制度範本。

元朝在經濟上採用重商主義政策，鼓勵海外貿易，中國與歐洲的聯繫與交往非常頻繁，其中馬可·波羅、伊本·白圖泰等歐洲旅行家來到中國，留下了大量的旅行記，記録元代海上絲綢之路的盛況。元代的汪大淵兩次出海，撰寫出《島夷志略》一書，記録了二百多個國名和地名，其中不少首次見於中國著録，涉及的地理範圍東至菲律賓群島，西至非洲。這些都反映了元朝時中西經濟文化交流的豐富内容。

明、清政府先後多次實施海禁政策，海上絲綢之路的貿易逐漸衰落。但是從明永樂三年至明宣德八年的二十八年裏，鄭和率船隊七下西洋，先後到達的國家多達三十多個，在進行經貿交流的同時，也極大地促進了中外文化的交流，這些都詳見於《西洋蕃國志》《星槎勝覽》《瀛涯勝覽》等典籍中。

關於海上絲綢之路的文獻記述，除上述官員、學者、求法或傳教高僧以及旅行者的著作外，自《漢書》之後，歷代正史大都列有《地理志》《四夷傳》《西域傳》《外國傳》《蠻夷傳》《屬國傳》等篇章，加上唐宋以來衆多的典制類文獻、地方史志文獻，集中反映了歷代王朝對於周邊部族、政權以及西方世界的認識，都是關於海上絲綢之路的原始史料性文獻。

海上絲綢之路概念的形成，經歷了一個演變的過程。十九世紀七十年代德國地理學家費迪南·馮·李希霍芬(Ferdinad Von Richthofen，一八三三～一九〇五)，在其《中國：親身旅行和研究成果》第三卷中首次把輸出中國絲綢的東西陸路稱爲『絲綢之路』。有『歐洲漢學泰斗』之稱的法國漢學家沙畹(Édouard Chavannes，一八六五～一九一八)，在其一九〇三年著作的《西突厥史料》中提出『絲路有海陸兩道』，蘊涵了海上絲綢之路最初提法。迄今發現最早正式提出『海上絲綢之路』一詞的是日本考古學家三杉隆敏，他在一九六七年出版《中國瓷器之旅：探索海上的絲綢之路》中首次使用『海上絲綢之路』一詞；一九七九年三杉隆敏又出版了《海上絲綢之路》一書，其立意和出發點局限在東西方之間的陶瓷貿易與交流史。

二十世紀八十年代以來，在海外交通史研究中，『海上絲綢之路』一詞逐漸成爲中外學術界廣泛接受的概念。根據姚楠等人研究，饒宗頤先生是華人中最早提出『海上絲綢之路』的人，他的《海道之絲路與昆侖舶》正式提出『海上絲路』的稱謂。選堂先生評價海上絲綢之路是外交、貿易和文化交流作用的通道。此後，大陸學者馮蔚然在一九七八年編寫的《航運史話》中，使用『海上絲綢之路』一詞，這是迄今學界查到的中國大陸最早使用『海上絲綢之路』的人，更多地限於航海活動領域的考察。一九八〇年北京大學陳炎教授提出『海上絲綢之路』研究，并於一九八一年發表《略論海上絲綢之路》一文。他對海上絲綢之路的理解超越以往，且帶有濃厚的愛國主義思想。陳炎教授之後，從事研究海上絲綢之路的學者越來越多，尤其沿海港口城市向聯合國申請海上絲綢之路非物質文化遺産活動，將海上絲綢之路研究推向新高潮。另外，國家把建設『絲綢之路經濟帶』和『二十一世紀海上絲綢之路』作爲對外發展方針，將這一學術課題提升爲國家願景的高度，使海上絲綢之路形成超越學術進入政經層面的熱潮。

與海上絲綢之路學的萬千氣象相對應，海上絲綢之路文獻的整理工作仍顯滯後，遠遠跟不上突飛猛進的研究進展。二〇一八年厦門大學、中山大學等單位聯合發起『海上絲綢之路文獻集成』專案，尚在醖釀當中。我們不揣淺陋，深入調查，廣泛搜集，將有關海上絲綢之路的原始史料文獻和研究文獻，分爲風俗物産、雜史筆記、海防海事、典章檔案等六個類别，彙編成《海上絲綢之路歷史文化叢書》，於二〇二〇年影印出版。此輯面市以來，深受各大圖書館及相關研究者好評。爲讓更多的讀者親近古籍文獻，我們遴選出前編中的菁華，彙編成《海上絲綢之路基本文獻叢書》，以單行本影印出版，以饗讀者，以期爲讀者展現出一幅幅中外經濟文化交流的精美畫卷，爲海上絲綢之路的研究提供歷史借鑒，爲『二十一世紀海上絲綢之路』倡議構想的實踐做好歷史的詮釋和注脚，從而達到『以史爲鑒』『古爲今用』的目的。

凡例

一、本編注重史料的珍稀性，從《海上絲綢之路歷史文化叢書》中遴選出菁華，擬出版百册單行本。

二、本編所選之文獻，其編纂的年代下限至一九四九年。

三、本編排序無嚴格定式，所選之文獻篇幅以二百餘頁爲宜，以便讀者閱讀使用。

四、本編所選文獻，每種前皆注明版本、著者。

五、本編文獻皆爲影印，原始文本掃描之後經過修復處理，仍存原式，少數文獻由於原始底本欠佳，略有模糊之處，不影響閱讀使用。

六、本編原始底本非一時一地之出版物，原書裝幀、開本多有不同，本書彙編之後，統一爲十六開右翻本。

目録

吾妻鏡補（三）

吾妻鏡補（三）

卷十四至卷二十一

〔清〕翁廣平　纂

清抄本

吾妻鏡補卷十四

吳江　翁廣平　海琛纂

風土志

日本於海島爲莫强之國坐受諸國朝貢夜郎自大由來久矣其國事一聽將軍主之國君如贅疣垂拱而已故其國中搆兵惟將軍是爭曾無有放弑其主者以國柄非所操篡弑無益虛被惡名用是得長守國治尚酷刑故其民皆畏法有道不拾遺風其先西洋人覬覦其國以天主教之言惑之事露悉被夷戮今商人船至彼

必問有無天主教人又鑄天主像令人足踐而登若誤携一人往則以其船牽置岸上盡納舟人於艎底焚之自此西洋人無復至日本者其與諸國適貿易者曰長崎島男女肉色最白中國人至彼暴露風日中猶能轉黑為白婦女妍美白皙如玉人中國人多有流連不歸者今長崎有大唐街皆中國人所居郁永河海遊記曰本為海外諸國之勝舟楫輻輳山水奇絶景況佳妙不能盡述倘占絶句十六首聊記歲序民風之意云福建沙起雲日本雜詩不錄其詩注如左

正月初一日門前遍插松枝技俞為帖名書其上端午
龍舟競渡方言喚作扒龍六月十三日為牛王勝會盛
街排列玩具男女爭買送人以為吉兆七月為中元家
家齋戒墓上燃燈徹夜重九迎大明神會土地也會中
人相撲為戲身上畫一圈〻中寫天下一三字小童裝
作唐人擎彭采茶歌
凡著綿衣須有國王頒示乃敢綿衣名為幔其帽軟見
人斜頭藏帽於袖中以為大礼寢衣長一身有半多以
奇楠香薰被

凡拜佛先以銅錢擲地每月十八日拜觀音朔望日名
呌礼日相見必行礼必薙頭
宴客以紫鼎爲敬以壺爲修酒一壺曰酒一修
賀人新娶以潑水爲戲名爲油亞呵妻名御家俗尚男
寵凡平等人妻有外交或出門晚歸其夫詰之則答以
唐客見招遂置不問
妓女幼時袖門半截白齒必染黑必求一名妓爲母學
其礼束帶寬一尺長七尺餘名爲腰卑
妓女所居之處名花街每夜月明彈三絃者不絕其裝

飾則綰髮染牙白衣紅袴玳簪插首飾帶纏腰帶倚門
以招客又能學唐人声音 以上日本雜詩注
讀書從師極不苟每州每郡必有先生會館月必數集
其先生中有義理之學者有經史之學者有詞章之學
者有明天文地理者有醫卜星相者如有來學者不先
教其讀書也使之閒居月餘視其質地之所近而後教
之必學成始得還家否則雖疾病不過令其父兄視之
而已
讀書以能背誦爲率不僅觀覽也故其所作詩文典故

極多殊少性靈理法則不背也

年撓箋載孝靈天皇十三年癸未梵字渡蓋佛經也時在周赧王三十七年七十二年甲午經書渡時秦二世三年年代紀載應神天皇時始於百濟國得中國文字時在晉武帝太始中是日本在晉於前已知經書文字矣故宋順帝昇明二年雄略天皇武上表其文頗雄健綽有漢魏遺風唐書長安元年倭王文武遣粟田真人貢方物真人好　能属文其副朝臣仲満（詳藝文志）多所該識自宋至今亦有能文詞者惜流傳者少也数十年來

如山井鼎物茂卿岡田挺之太宰純之著述亦可云博雅矣所作序文亦可云合作矣然其語助之詞間有不能文從字順者則師弟之傳習使然也

吾妻鏡一書朱竹垞以為不賢者識其小者也承先一序命意甚佳字句有未順處

天瀑山人佚存叢書序曰歐陽永叔日本刀歌曰徐福行時經未焚佚書百篇今尚存所謂百篇之書我無有也則不知其何據豈臆度之言耶余謂徐福入海斷無挾書而行之理故宋時有求書外國之説顧亭林亦以

爲妄說惟朱文公集注孟子於仁也者人也下注或曰
外國孟子人也下有義也者宜也禮也者履也智也者
知也信也者實也多二十字則于合而言之句義爲足
鷄窗叢語朱文公集注孟子于仁也者人也下注或曰
外國孟子人也下有義也者云云多二十字余謂此外
國蓋日本也外國惟日本多求中國書非他國所及也
今查日本山井鼎七經孟子考文中無此二十字不知
裁詁何所見而云日本也
余初見河世寧全唐詩逸以爲無足重輕及閱過全唐

詩而知此書之不可輕視也蓋世寧生平必熟讀全唐人之詩方始能於他書中知某篇某句全唐詩中所未收者而後摘錄成編此豈易事乎竺常序文以淺率而少意味

天武天皇白鳳十四年大津皇子賦詩日本始作詩然全唐詩属國中僅有朝臣一首其附庸之新羅有女國王一詩全地藏一詩文獻通考載宋延平五年有以日本唱和詩來其詞雕刻膚淺其流傳者僅有圓通大師一詩戲鴻堂帖中二詩而已明詩綜四夷廣記滄海遺

珠所選之詩則斐然可觀栁村王𧰼惜陰筆記倭國詩
文一乘明人王李之集二家外概不入目朝鮮亦然近
日之詩僅得熊、版秀所輯之南遊稠載錄戊亥遊囊二
冊亦有可見者
二冊之詩作者二十餘人大約無甚軒輊內熊、版父子
詩完善者多雖未能造前賢論詩之妙境而篤好風雅
博用典故亦有足多者焉
熊版父其國中稱爲台州先生著述有十五種可謂富
矣惜皆未見

熊版父子日本推爲風雅宗主其所熟讀者沈歸愚全集及其所選之別裁又喜吳中七子詩故其所作閒有相似者

河世寧詩僅見初夏一律頗有放翁誠齋風趣因亟錄入藝文中世寧有全唐詩逸之刻自足千古宜其詩之新穎乃尔又見西川瑚蓬蒿詩集其序島主滕忠成作謂于二萬首中擇百首刊之附唱者二十四十然殊膚淺較熊版所輯似又遜之二序一跋頗有奇怪語

碑版誌墓記傳之文極爲貴其潤筆有多至數十百金

者
頗究書法尤習草書皆懸腕以無臺桌椅著故也亦有能篆隸者俱從前人墨跡臨摹而不好碑版故無人携去如許氏說文六書通漢隸字原隸辨草聖彙辨等書亦喜購之

草書數字中必有一二字不易識書史曰陳賢草書帖六七紙字亦奇逸難辨如日本書則沿已久也

宋太宗朝李王獻畫羊晝則齧草欄外夜則歸臥欄中莫曉其理僧贊寧曰此幻藥所畫南海倭國有蚌淚和

色着物畫見夜隱泆焦山石磨色染物畫隱夜見海外

記

日本人畫十三科皆備而未能多見曾見一方册十頁甚奇怪因記之其第一頁深山中有数大樹具參天抜地之象旁立一人如官長又一人如工師而同度村者第二頁亦作深山大樹旁立二人即第一頁之人復有衆工数十人或附于樹以鋸枝幹或蹲于地以鋸根本第三頁工師立濱海之曠野鋸樹之數十人以所鋸之枝幹根本各鋸為板其後以茅蓬為敞中多器用蓋衆

工寢食之所也第四頁衆工以所鋸之板造一大船也
五頁後有百餘人以長繩繫舟兩旁拖以入海造船之
衆工無一人在内者第六頁船在海中拖船之人俱不
見有數十人漆工於船上繪畫七頁通船俱金碧丹黄
色蓬檣桅索鉄猫木椗之類畢備一官長坐海岸有監
督之意即前同工師度材者有數客商立其旁運貨物
以進船中者百餘人第八頁船在大洋中張三大蓬有
乘風破浪頃刻千里之勢船上百餘人即運貨物者數
客商在舵樓隙中窺視第九頁有大洋跡泊船於海岸

百餘人運貨物於岸上数客商俱于岸上督運第十頁
船中火起烟焔沖天有十餘人自船投海海中有撑三
板船来救者有二人尚在船頭既畏大逼又不敢投海
岸上人則欲救無措数客商中有垂淚浩歎而跳躍者
其一時倉皇急遽之形無不相肖也毋縱一尺横二尺
而縮無㪫識人物僅長三分其眉目用单筆點出筆極
艸艸而鋸樹之人即鋸板之人鋸板之人即造船之人
以無不一一相肖者然與拖船下海之人無一相肖也
與繪畫之漆工無一相肖也與運貨物之人無一相肖

也技藝之神妙竟若是乎而命意之生所在則不知也或海洋之船皆國王所造此船當是第一次出海歸而被火焚者故繪此冊以呈國王耳細審其船之形置似西洋船此冊當是西洋人所畫而携至日本者亦未可知也

飲食宴會之事與中華無甚異同惟飲磨茶則貴大雖富貴者歲不過一二次而已磨茶相傳始于元正天皇養老年間時唐明王開元初年也其法以上品茶葉合藥味香料共磨爲粉是國王所製有清濃二種〻各三

等分斤上等價值銀二百兩次等值銀百六十兩又次值銀百二十兩茶灶以鉄為之形如中華之餛飩担須数百年前物左茶灶右茶尉安置杯盤等物也茶鐺以銀為之酌水之瓢以金為之水則貯黃梅時庭心之雨水所謂天泉也茶杯以玉為之有大小二樣茶盤以水晶或瑪瑙為之古磁器茶瓶二一貯清茶一貯濃茶也瓶中之匙以珊瑚為之旋茶之帚以金絲為之主人欲請客先数日送簡客之被其請者雖有正事不顧也至欺客盛服以往主人肅衣冠迎客各就坐然後命童僕

舁茶杜於堂東童僕熾炭主人主人旁聽水沸聲候蟹
眼起按客數取小玉杯置盤中啟清水茶瓶以珊瑚匙
挹少許于各杯以金瓢酌沸水瀹之以金絲帚旋之主
人親送茶於客客主各飲一杯飲後肌骨清涼渣滓消
盡也於是客主環坐供盛饌飲無算酩極飲大醉解衣
磅礴盡酣嬉沐瀛之致既畢飲撤席仍各就坐童僕復
熾炭聽水沸聲啟濃茶瓶以珊瑚匙挹多許於大玉杯
以金瓢酌沸水瀹之以金絲帚旋之童僕送茶自首座
客至主人各飲一口飲後醒醉皆醒酒肉氣不知消歸

吾妻鏡補　卷

烏有矣客於是起立整衣冠謝主人而去

國中有一等人或有爵祿為齊民年過五六十之衣食

纔足家事有後人可付則於山中幽僻處築室三五楹

嘯傲林泉怡情杯酒或遇田夫野老即話桑麻或逢羽

士緇流便參元妙憂愁不到榮辱胥捐若此者謂之高

士嗚呼其亦知足矣哉

吾妻鏡補卷十五

吴江翁廣平 海琛纂

食貨志

土宜禾稻麻紵蠶桑知織績爲縑布出白珠青玉其山有丹土氣溫煖冬夏生菜茹無牛馬虎豹羊鵲後漢書

其山有丹其木有枏杼橡樟楺櫪投橿烏號楓香其竹篠簳桃支有薑橘椒蘘荷有獼猴黑雉三國志

有獸如牛名山鼠又有大蛇吞此獸蛇皮堅不可斫其上有孔乍開乍閉時或有光射之中則蛇死矣梁書

土地饒沃既生五穀又多魚肉有犬尾短如麕尾狀有銅鉄有矛以戰鬥摩礪青石以弓矢取生魚肉雜貯大瓦器以塩鹵清之曆月餘日乃啖食之以爲上肴也臨海水土志

産絲蚕多織絹薄緻可愛宋史

丹波出水銀丹後出丹土但馬出銀河波出銅薩摩沿海黑沙煎出鉄又出花布 海國襍談

東奥産黄金西别島出白銀以爲貢賦年代紀

但馬出銀備中出鉄石見出銀與銅海防續編

其産金銅鉄水銀水晶有青紅白硫黄琥珀白珠青玉石硯螺鈿冬青木多羅木杉木水牛驢羊黒雉細絹花布細扇其貢馬盔鎧劍刀塗金裝彩屏風洒金廚子洒金文臺等物大明一統志

倭扇以松板兩指許砌疊如摺疊扇者其柄以銅壓錢環子黄絲絛甚精妙其板上罨畫山水人物松竹花草亦可喜竹山尉王公軒惠恭后家嘗作明州舶官得兩柄畫繼采宗鄧春倭扇畫

高麗國使人毎至中國或用摺疊扇爲私覿物其扇用

鵶青紙為之上畫本國豪貴雜以婦人鞍馬或臨水為
金沙灘暨蓮荷花木水禽之類點綴精巧又以銀泥為
雲氣月色之狀極可愛謂之倭扇本出於倭國也畫
見聞志

日本扇歌　　　　桂彥良

倭夷入貢泥金扇最佳先以金箔作底上施以彩色
高皇帝曾賜近臣
海內車書今混一萬里梯航進方物奇哉此扇日本
來恩賜千官敢輕忽南薰殿高清晝長水晶簾捲薔薇

香緣窗蝶影弄春曰碧天雁翅橫秋霜扶桑曰華移上
苑鉄網珊瑚蔣水淺香山窩入畫圖中金虀騰空怒濤
捲黑雲散作丹漉江蘆蕭〻月半規無窮變化不可測
俯仰神仙知是誰稜〻墨竹十二莖不方不圓長短齊
隨時卷舒足稱意一寸机關那可量齊紈團〻堪障曰
豈謂好新輕得失朝端鵠立汗如珠焉得從容袖中出
出
中國伽楠香皆非真〻者我國亦不易得取伽楠法先
期劉牲祭卜有無走客林中聽樹頭小兒語急斫数斧

而返遲則有鬼擲人隔年如一往取先上之王及三傢
重加洗剔上者留之原酬其值次下者听別售
海產龍涎香鰻魚海國聞見志
諸菜中菜蔴最佳有九子梅紅花千瓣一帶九子結實
時止留四五子大如杯袖海編下同
[illegible]之大如鵝飛時百十為羣而不畏人
海岸多鹿皆大魚所化常見魚躍出沙際不踰時而已
奔之跂跂矣亦有鹿身魚頭尚未全變者
倭刀刀有高下技有工拙富者不惜重價而製之廣延

高師而學之其貧者所操不過下等耳　刀乃大小長
短不同立名亦異每人有一長刀爲之佩　刀其刀上又
插一小刀以便雜用又一剃刀長盈尺者謂之解手刀
長尺餘者謂之急拔亦剌刀之類此三者乃隨身必用
者也其大而長柄者乃擺導所用可以殺人謂之先導
其以皮條綴刀鞘佩之於肩或執之於手乃隨後所用
謂之大制　又有小裁紙設机刀出長門號兼長者最
嘉　上庫刀山城國戲時盡取日本各島名匠封鎖庫
中不限歲月竭其工巧謂之上庫刀其間號寗久者更

佳世代相傳以此為上　備前刀以有血漕為巧刀上或鑿龍或鳳或八幡大菩薩春日明神天照皇大神宮皆其形著在外為美觀者　匠人製造之精不論刀之大小必于柄上一面鐫名一面刻記字號以為古今賢否之辨鎗劍亦然日本圖纂

近日所來之刀有長四寸餘一頭為刀一頭錐而亦頗適用有長二三寸三稜似杵亦似錐有圓木柄圓木鞘殊不適用又有裁紙刀長五寸方柄方鞘綴銀星成半尺

日本刀歌

昆夷道遠不復通世傳切玉誰能窮寶刀近出日本國
越賈得之滄海東魚皮裝貼香木鞘黃白間雜鍮與銅
百金傳入好事手佩服可以禳妖凶傳聞其國居大島
土壤沃饒風俗好其先徐福詐秦氏採藥淹留丱童老
百工五種與之居至今器玩皆精巧前朝貢獻屢來士
人往々工詞藻徐福行時經未焚逸書百篇今尚存令
嚴不許傳今中國舉世無人識古人先王大典藏夷貊
滄波浩蕩無通津令人感激坐流涕鏽澀短刀何足云

從前日本產銅而不鑄錢但用中國錢考年號箋天武
天皇白鳳十二年當唐高宗永淳二年用銅錢止銀錢
是自鑄者乎抑中國之錢乎後大炊天皇天平寶字四
年當唐肅宗乾元三年鑄萬年通寶錢太平元寶錢萬
年太平非年號不過吉祥文字耳泉譜載日本國泉四
品並徑寸重五銖其文隸書一曰稐同開珍二曰神功
開珍三曰萬年通寶四曰隆平永寶其國延暦中鑄按
此四品亦非年號考延暦阿閉天皇年號當唐中宗景
龍二年陸次雲譯史紀餘引贊寧傳曰倭國在東海中

正朔一同中夏年號天慶天暦用錢文曰延喜通寳按
延喜醍醐天皇年號當唐昭宗光化四年天慶天暦當
後五代晋漢之間年代紀曰用銅錢文曰乾元大寳亦
非年號蓋其自鑄者也至明代喜用中國古文錢平壤
録曰惟不用開永永樂二種莊烈帝九年始鑄寛永通
寳錢而中國之錢不用矣寛永其國明正天皇之號至
今國王已數傳年號亦數易其錢仍鑄寛永也又中國
古錢中有篆書永歴錢大徑寸重一錢六七分内好紫
銅古藻如數百年物中國號永歴者惟明末三王之一

其錢制小而劣斷無若是之古藻者或曰是日本錢按日本二條院天皇二年改元永歷當宋高宗紹興三年然永曆僅一年明年又改應保今所見永歷錢不少何也豈亦如寬永後雖改元而仍鑄其號耶

海參肥前後長崎地分十番皆有之自一番至五番在長崎自六番至十番在肥之前後九番産者佳價亦貴惟富貴家或貧家遇吉事則用之

鰒魚宋袁文甕牖閒評曰倭螺也按漢書王莽傳莽亶飲酒啖鰒魚注海魚也恐顏師古未必知是海螺耳蘇

軾鰒魚行東遺海舶號倭螺知其多産於日本也五雜俎北地珍鰒魚每枚三錢漢王莽啗鰒魚憑几不復膳漢吳良爲郡吏不阿太守賜良鰒魚百枚則古人已重之矣鰒字書音僕今人讀作鮑非也近更謬讀作報

鰒魚行

漸臺人散長弓射初啖鰒魚人未識西陵衰老繐帳空肯北向河親饋食兩雄一律盜漢家嗜好亦若肩相差食每對之先太息不因噎嘔緣瘡痂中間霸據關梁隔一枚何啻千金直百年南北鮭菜通往〻殘餘飽藏獲

東隨海舶號倭螺異方珍寶來更多磨沙淪瀹成大截
剖蚌作脯分餘波君不聞蓬萊閣下碁島八月邊風備
胡獠舶船跋浪黿鼉震長鐃鉦處崖谷倒膳夫善治薦
華堂坐令雕俎生輝光肉芝石耳不足數醋芼魚皮真
倚牆中都貴人珍味糟浥油藏能遠致劖肥此方獻萬
錢厨洪背可醒千日醉三韓使者金鼎來方奩饋送煩
輿臺遼東太守遠自獻臨菑掾吏誰為材吾生東歸收
一斛色苴未肯鑽華屋分送羹材作賬明郡取細書防
老饕

江瑶柱日本呼為干貝從前所産甚少價極貴今各島皆産故雖属上品不得能價暴以為乾毎斤値銀二錢

左右

魚之類極多有中國所無而莫可名者其可暴之為乾而致遠者曰木魚曰海燕木魚之大如山常掀背於海面任人所其肉千百斤不為動以淡塩清煮熟暴乾如焦木故曰木魚食時則以温水稍浸或鎊為片或析為絲乾食固有風味烹食亦妙或曰是大蛇肉也琉球志海鰻魚暴為乾或以火炙俗名木魚海燕長僅一二分

味甚鮮美以爲燕所食故名或作海醃以塩漬故也
蝦大小不等大者重至二三斤名龍頭蝦其殼可以爲
燈煮之色紅小者出水色微紅煮之則白最小者漬之
爲醬
蟹與中華産者稍異黃甲之類也小者名曰沙虎而味
稍遜
介屬頗多味亦奇常其最多者爲唎黃可清爲醬貧家
俱製焉以價廉也其殻即明瓦閩廣亦俱有之
禽鳥之屬與中華同其異者爲梅花鳥火雞戴毛鷹況

慈嘉秋鳥詩注曰日本所産大者名截毛鷹亦曰鸕鶘中者花鷂小者鑽籬土風錄曰鳥有截毛鷹以食此出得名

日本向無鸚鵡　國朝乾隆時有海商帶至其國今亦有矣

花木之屬茲記其畧

山茶五色俱備又洒金而鑲邊者極穠遠

楓樹小者可植盆中其葉與椿相似

蝴蝶花粉狹而差軟花有五色其花鬚如綢綉間有之

金絲

櫻桃有白者頗佳

小松東京產者針短色碧肥前後產者針長色青俱可栽種剪以作盆景若植之中土東京松不易長肥前後可過丈尋

杜鵑花最耐栽剪雖截斷其枝幹顯出其根本亦能萌蘖也蓋其根多拳曲種樹者矯揉之以肖禽獸之形稍留其萌葉以象羽毛但供人之玩弄而已不顧戕賊其物也

洋梧桐亦名洋海棠本〻其葉似梧桐其花似秋海棠
故一物二名
蘭多素心葉軟
萬年青葉差厚而有白邊
菊花較中華所産更大而名色甚多
風蘭如蘭而小葉如水仙而狹欃爲盆以朽木之少許
植之懸之風簷稍洒以水自能開花且耐久
長崎有珊瑚一樹長三尺有七枝根周一拱色紅每大
勝會則陳之西洋人欲以銀五十萬易之長崎人曰此

我鎮國之寶豈可賣與他人乎
紙俱綿料有五色彩箋其花文凡山水人物之類皆極精巧有一種白者如高麗紙而無羅文光膩如銀版施之書畫頗能應手其尋常所用者有二種一長方尺餘稍厚而略粗一長方數寸差薄而光印書皆用之此二種内有暗花文成氷梅花洋蓮牡丹綠葉卍字䕫龍諸形者用以糊窗頗雅致以此等紙加膠礬漿成栗殼色或青蓮等色作書面然頗珍貴惟進呈國王之書與七經孟子考文佚存叢書等用之又有五色玻璃箋當貴

之家用之樹窗
墨業此者百数家惟松元泰古梅園所製最佳有墨譜
四冊余未見僅見其續墨譜其刻之精妙雖陳君房方
于魯諸譜不過是也所載之墨有長至一二尺厚数寸
重至二三十觔者不知如何用之也余曾得其一匣貯
墨四笏其一形方長三寸濶一寸厚半之一面龍向天
門入紫微七草書下一印來禽堂珍藏一面四爪正面
金龍旁小楷倣沈所翁圖下欵高陽山人一印廷冲二
字左側面東江先生珍藏右側面明和辛夘年製南都

古梅園充彙其一方長三寸純金色一面園亭景一人倚桌着手卷桌上文房四寳畢具背張屏風上屏繪赤壁圖其江流斷岸天高月小水落石出之景纖毫可徹江中一舟舟中三人一舟子鬚眉列列也桌之左有欄杆繞以竹石芭蕉等一面筆生花三字下欵福永備後其一如皂莢形純金色有九龍繞之中有古梅園三字其一方長四寸純金色一面鶴來杏樹下五草書一面三隻鶴其製幾出鬼工試之比徽墨加墨

筆製法與湖筆同其所選毫不能如中山兎毫之剛柔

相濟不宜于小楷故處亦喜用湖筆間有鹿筆
硯石如歙石而不發墨不知其國中尚有他石為之否
也
銅器尊罍彝鼎之屬多仿古鑄且有奇獸之形足下有
魚網文而無款識
雕工俱有款識喜用語助辭如某年月日某人刻之也
曾見石印板畫一幅有市肆街道店中招牌如扇店則
牌上畫一扇下一也字傘店牌上畫一傘下一也字其
他店皆如此

摺疊扇畫繼蜀畫見聞志載之矣近日之扇有油紙棉紙用蠟太多不甚宜墨

傘製法不一其精巧者出東京有紙絹二種紙者張之極大收之極細可藏袖中價貴絹者以銅為骨如荷葉不過飾觀而已

絲綢有粗細二種總名曰洋綢粗者如杭紡縷粗而光滑細者而串綢不甚耐久

縐紗輕薄如蛛網製為蚊帳團之如拳貯竹筒中張之無團縐痕頗耐久價值彼處色銀三四十兩

野鷄葛亦名夜机葛如廣葛價頗貴于廣東
夏布以苧爲之亦有粗細二種
印花最爲精巧花樣極多其青花及雜花文長崎有之
如細花真大紅者則東京有之東京之最細者有百子
畐百子之面無一同者又大牡丹一對生十朶花花十
樣色下有假山地坡草虫等俱以泥金鈎出花蒂與葉
亦用泥金鈎之其質大紅色日中視之有光彩或曰是
猩猩血也
畫中所用顏色亦多其洋多則膩硬黄上或瓦稜磁碟

色如泥金以灑筆醮之則紅也
漆器凡厨箱奩櫃盤盒硯匣筆筒茶船扶手帽架之類各極其妙或泥金或嵌螺鈿其花文如隆起實則平如鏡也曾見一大葵花泥金盒啟其蓋有八格中心以濃淡金畫太極圖八格中有八小盒每盒蓋上畫一掛盒中以象牙雕一物如乾卦馬坤卦牛震卦龍巽卦鷄坎卦豕離卦雉艮卦狗兑卦羊蓋依易之説卦爲之非惟精巧兼適文理也
又見以象牙雕一蛤蜊闢口僅一分半中有屋二間屋

俱出簷一間兩欄干一日有兩窗〻中為西廂記傳奇中之佳期欄干中為長生殿傳奇中之密誓人僅長一分餘而眉目朗然絶技真也

以薄木板濶三寸長二尺餘貼染色麥柴為花鳥頗有生趣又貼木匣上頗似錦繡

出洋貨物本海防續編明季時交易

絲所為織綃紵之用也蓋彼國自有成式花樣朝會宴享必自織而後用之中國綃紵但充裹而已若番船不通則無絲可織每百觔值銀五六十兩取去者其價十

倍

絲綿髡首裸裎不能耐寒冬月非此不暖常因匱乏每

百觔價銀二百兩

布用為常服無棉花故也

綿綢染彼國花樣作正衣服之用

錦繡優人劇戲用之衣服不用

紅線編之以綴盔甲以束腰腹以為刀帶書畫帶之用

常因匱乏每一觔價銀七十兩

水銀鍍銅器之用其價十倍中國每觔價銀三百兩

針　女工之用若不通番舶而止通貢道每一針價銀七分

鉄鍊懸茶壺之用倭俗客至飲酒之後啜茶啜已即以茶壺懸之不許著物以茶爲重故也

鐵鍋彼國雖自有而不大ヽ者至爲難得每一鍋價銀一兩

磁器擇花樣而用之香爐以小竹節爲尚碗碟以菊花稜爲尚碗亦以葵花稜爲尚制若非䏦稜雖官窰不喜也

古文錢倭不自鑄但用中國古錢而已每一千文價銀四兩若福建私新鑄每千價銀一兩二錢惟不用永樂開元二種

古名畫最喜小者蓋其書房精潔懸此以為精雅然非落款屬書不用

古名字書房粘壁之用廳堂不用也

古書五經則重書禮而忽易詩春秋四書則重論語而惡孟子重佛經無道經若古醫書每見必買重醫故也

藥材諸味俱有惟無川芎常價一百觔價銀六七十兩

此其至難至貴者也其次則甘草每百觔價銀二十金以為常

氊毯王家用青官家用紅

粉　女人搽面之用

小食籮用竹絲所造而漆飾者惟古之是取若新造則雖精巧不喜也小盒子亦然

漆器文几古盒硯箱三者其最尚也盒子惟用菊花稜圓者不用

出洋貨物近時交易

海外諸國日本爲近隔海道僅三十六更故自秦漢以來即朝貢中國或通商賈史冊載之詳矣其地所産銅爲多自前明時已供中國採辦然無定額亦無定地各島皆可交易彼之來則舶於永嘉寧因徐海事而止嗣後彼不來而我往至　國朝康熙五十四年日本正德五年議定於長崎交易長崎屬肥州土瘠民貧其海口便於泊船中外商賈盡集於此其民亦得沾其利而自給矣江浙兩省之採辦從前亦無定額其船數十大小不等自康熙六十年間定例於蘇州立官民兩局其領

帑銀以採銅者曰官商其以己財貨物易銅而轉售實
蘇商以資鼓鑄者曰民商各造四大船每船約容萬斛
于嘉興乍浦所開船每船辦銅千箱其餘出洋之貨與
明時頗有異同畧記於左
交易之法從前以錢買以銀買以金葉買初無定例近
惟以貨易貨而已日本之貨亦多不能悉記至中華者
銅以外海參海帶爲多
糖每船約千餘担紅糖十之六七白糖十之二三水晶
糖十之一錫糖約百甕此東洋人所必需者若數日不

食糖即有疾矣猶俄羅斯國之不可離大黄也相傳
國朝百年前日本人求中國糖種中國與之種種之能
活又求造糖之法中國使台灣工至彼教之亦能成糖
而絶無甜味不辨其故余謂日本地在極東東旺於木
木能剋土糖味甘甘出于土而爲木所剋宜乎無甜味
也其不食糖而有疾者人生以五味和五臟不食糖則
中不和疾病所由致也此雖臆説究謂於格物之理有
脗合云
毡貨如衣料裙幅被单兜帽之類皆其所欲蓋日本無

羊背亦曾至中國易羊毛並求造毡之法即能自造然工本較之買價更多遂不自造

絲綿綢緞錦繡布枲之類亦多出洋彼國原有蚕桑而甚少不能衣被一國也明時無棉花今有之少而價貴故亦資乎中國

藥材無一不出洋惟不帶五倍子茯苓此二味日本多產也明時日本惟無川芎豈相去僅二百餘年物產亦有生滅乎

磁器彼亦有窯而燒製甚艱故喜用中國者且喜用中

國之古雅者如汝窯哥窯龍泉定窯俱能辨其真贋其
最喜者嘉靖窯之龍鳳碗碟鷄觥等其次則成化五彩
碗碟其花樣明時以葵花菊花為尚今亦不盡然進時
窯青花白地之精美者亦喜也其富貴之家至有以玉
馮水晶等作座以供賞玩者
古玉器古銅器亦有好者須唐以前有款識者為妙字
畫不論讀畫商賈好之好自能賞鑑則自主之不能則
請能者共賞之假如有沈唐仇之字畫則必于收藏家
借其文沈唐仇之真跡互相辨論斷斷不休從者則焚

香煮茗潔精酒食以資清玩迨品評已定其真不屑重
價購之即贋者亦必具價得之以誇珍藏之富其所好
有如此者
書籍不論經史子集必購藏之四五十年前其國多大
奘并國王之書房亦焚急欲購書其時爲商頗多獲利
嗣後每往必多帶書而價亦漸降矣故近日少有帶者
俟其求購則携以往

吾妻鏡補卷十六

吳江翁廣平　海琛纂

通商條規本東洋客遊畧

示諭

長崎奉行備後守管原備前守源為海船互市新例事本職等今
奉諭我載籍已降有土有人財用富贍未曾借外國
之資蓋三千餘年矣近者海賈通利路孔始開梱載
遠方之物虛耗通國之財況又私販溢出併犯邊禁
固宜裁抑其貪濫然不可不爲以懷來之意也乃命

有司更議市船著爲定議例而今已後海舶請貿欲
從我法者我亦來之其不欲之自當謝絶本職等謹
奉新例着該大小通事詳審條約諄諄遍諭客商人
等各限甘結其或不肯從約者治任疾出勿復來棹
須至諭者右諭海船諸商准此正德五年三月初五
日行
長崎譯司特將憲諭與唐商爲約事今般改定各港通
商一年船数併每船載來貨物銀額使遂生理等因
着該譯司將新例條欵示諭唐商知悉其欲確守條

欵毋違者今自譯司發給執照俟其船再到之日驗
其從違果能始終確守毋違者官給照船公牌後循
舊時之例而使之安插街坊者必有日矣倘或謂新
例不便而不領執照者永革來販始知其船数銀額
另有所聞
一已定照船載來貨物銀額則其所帶貨物盡行全賣
但有時價行情則其貨物不能無多寡之殊若其所
帶貨物多出于定額之外只剩有三千銀兩額者許
將其貨物抵換雜色再多出于三千兩外者除照船

銀額外悉將其所剩貨物估入定額之内罰賣倘或是時以所剩之貨物估入定額内賣之不爲甘心而爭執不已者其所剩貨物盡行沒官通船人衆永革來販至若帶來貨物原不足于定額而妄稱足數者較之每年貨價及本年各船貨價其所不足于定額至于三千兩尚照現貨寔數權令貿易若乃減少定額不止於三千兩者不許生理通船人衆永革來販

一生理之法照于舊時之例互與本地執事人衆講定貨價然生理之事各圖其利尔等唐商謂令丢票自

便則允其所願既已丟票從事而如過丟票之賤反謂丟票不便又求批價反覆多端者不惟不許其所求亦且罷其生理載回貨物永革來販

一領其執照往來本地舟楫當由所定五島以南之海駛為針路不當妄駕定路之外若遇風不便飄到意外之地自有制度在當其來也故違定路者不許生理通船之人永革來販及其歸也風寔不順難涉定路即當駕回本港以報緣由容待風順而啟棹或無故港內多日耽閣或駕出定路之外者至再來之日

不許生理永革來販

一領執照者屆於其期因緣事故不能親赴將其執照轉與同夥而使之到崎者之日驗核所載貨物果係其地物產估其貨價果符定額其執照無詐冒者許令貿易再給下次執照

一縱帶執照而來者其所帶貨物與前不同亦非其地物產或低貨贗假等貨帶來者不許生理通船人衆永革來販

一往來藏載違禁等項固不待言僅如一物之微私自

交易縱經數月而發覺者亦不許生理通船人衆永
華來販
一我國之人非理相加至不可忍耐者陳其情由控訴
鎮臺聽其審斷不許私自鬥毆
一殺害我國之人者提出兇首償命至若創傷者從其
輕重罰銀罰贖罪
以上所約九欵爾等客商各宜知悉正德五年三
月初五日行
各港每船銀額開列於左

一南京港門　每船銀額一萬九千兩

一寧波港門　每船銀額一萬九千兩

一臺灣港門　每船銀額一萬三千兩

一廈門港門　每船銀額二萬二千兩

一廣東港門　每船銀額二萬七千兩

正德五年三月初五日行

每船照、例雜貨質當貨物所領伙食等項條耗

一每船定例銀併各色用錢交礼牽船使費照、船照、銀

額一應雜費等項

一起貨之際照所本船所定銀額內先出貨物做當
一在館之時所領使用伙食等件
以上俱悉照舊例正德五年三月初五日行
來往查點行李亦諭
當其起貨時鋪蓋食物等項從寬查驗若有請求給封之物一概不准務要打開嚴查及其歸棹之日一切載回物件纖細必查毋容稍鬆正德五年三月初五日行
再示唐商曉諭
頃示新例條款爾等船主業經樂從甘結存爲後來之

證故給繹司之信牌便自三月初九日陸續回唐茲於
本月十三日倏有唐船寄碇平戶該地員詰其來由彼
云自崎回唐遇風至此今適順風速可回唐揚帆其所
呈報如此而唐人姓名則三月二十日前後領牌回棹
之船主姓名也因思三月二十日前後回棹船隻悉為
遵約領牌唐人而經向定路駕駛故不數日五島以南
之海一方無帆影嗣此計日意者比及本月十三日彼
既到唐山與抑使果遇風波漂泊意外之地也則三月
下浣連潮回棹不一而足豈有同開之船並無沿海寄

碇而獨此船漂泊平戶者乎亦將此船三月二十日至
本月十三日幾多日矣觀望遊漾而至此乎吾不能無
疑矣况又故違條約所載風寔不順難涉定路即當罷
回本港待風順而啟棹之規乎俟彼再來之日不惟不
許生理亦且有處治之議設此此船再漂泊寄碇則將
不待再來即於彼地當有施法然吾又思之既陳甘結
以領信牌之人不當有此背約之舉蓋今年初來唐人
中有奸商專圖私販倚涉洋中卒遇風波出於無意寄
碇平戶稱其姓名恐蹈後患故詐其姓名妄答員役之

詰問而其詐報姓名與此番自本港回棹船主姓名偶或相同亦不可知也無罪被疑斯人之不幸也者然疑亦難辨要之其船主再至之日方可詳審夫奸商假冒良商之名則良商動受奸商之累欲使良奸不得淆亂莫若執可信之法以為証故今特諭唐人各存留印記在此近日解纜之後倘遇風漂至意外之地及見該地員役當於報明事故之字要用其印以交之使彼此之印一照而真假立可辨也雖然自崎開棹之始五七日至於十日而有寄碇且其所報名印與此存留之印無

差者使遂生理過此日期雖係名印是真亦不許後會
交易今夫印已可照名已可據而或有寄椗報字不為
用印而姓名又不在於領牌之例者如此之輩沿海寥
濶之地故其寄椗者良與奸殆未易辨所以令正驗印
之法杜其奸謀而此法已立之後又或有報字無印者
其姓名與領牌者相同此乃領牌者之不幸也然其間
所畜謀竊效奸商之所爲與然則雖曰領牌者之不幸
吾又不能以寬宥待之俟斯人再來必有處之之法尔
等唐人回唐之後務須互相確議不為奸商所累且各

小心恪守而勿爲欺妄之舉以永適商則豈非事之至要者乎慎之慎之

右諭各宜知悉向後因風漂至意外之地者不拘数次即當駕回本港報明事由然後回唐方其漂泊之際須以用印報字交於該地員役聽從彼地牽送抵崎其費有舊例在但或漂泊牽送雖至于屢次其情形毫無可疑者其牽費官爲自辦若夫發崎自五七日至十日而拋椗者用印報字交之該地員役即於彼地候風順而回亦任其自便尔等衆船主當于發

名印記併遵令甘結先于欽梓具之正德五年三月
初五日行
邸抄　浙撫且奏前來諸商交易均以彼此印記為憑
相沿已久今倭人給與洋商票照不過伊等貿易之印
記仍令諸商照常貿易至浙撫所請作何移檄倭人之
處毋庸議應將倭照發還該督撫可也
東洋古倭奴國今名曰日本商人諱言之故曰東
洋長崎其港名也諸泊此彼國梵書不可通曉之
唐商至却以中華文字亦正德五年我

大清聖祖五十四年也

則例

一入長崎通船人數冊一本

船主某人　船副某人　客人某人

總管某人　舵工某人　工社某人

夥長某人　共幾十幾人

一入長崎人名年歲有鬚無鬚身長身短喫何齋面貌

冊一本

一入長崎人名貨冊有貨無貨一本

一入長崎貨冊通船粗細貨二本　有冊尾

或絲幾千觔　或紬幾千疋　或葯材幾萬觔

帶至日本印花

或紬十疋　或紬十切　或布十疋

補蓬布十五疋

長崎送寺礼連疋頭

聖人廟礼二色　南京寺礼七色　福州寺礼七色

漳州寺礼七色　大德寺礼七色　聖廟寺礼七色

大衡師礼五色　霧源師礼五色　廣福菴礼五色

全岩師礼五色　松月院礼五色　土地祠礼五色
光明菴礼三色　天滿宮礼一色　九使廟礼二色
大光寺礼二色　漳州寺修理六十色　共一百三十
五足

長崎各項街費目例　照銀額每萬兩算新例

唐山寺公緣六十兩　右三寺私緣五十兩
聖福寺二十兩　悟真寺二兩
永興院五兩　官梅翁三兩
唐通事九人一百二十兩　船番三十兩六錢

町使十三兩四錢五分　差使四兩
大波戶役二名四兩　二王書記役人二名二兩
唐年行使五人十三兩五錢　唐內通頭十人十兩
唐內通事三十人二十兩　館內唐人番六兩
館內番通事九兩七分　宿町財副二十兩
當年財副九人九兩七分　當年差使七人九兩七分
當年清冊二人六錢一分　館內財副十二人十五兩
一錢三分　館內走差七人三兩五分　館租二百十
一兩九錢　行年司小使十人三兩九錢四分　行年

司財副四人一両一錢三分　讀礼二人一両一錢八
分　内通財副一人六錢六分　出番清賬一人一両
三錢二分　内通小使二人一両三錢二分　館内波
戸一人五錢七分　唐年行司小使二名六錢六分
椗索一人一両三錢二分　唐船造冊六人八両四錢
六分　通事小使三十両九錢五分　館内町官小使
十六両六錢三分　稲作万祿山寺九錢九分　菩薩
祭礼八両四錢六分　風呂屋二両八錢二分　永福
菴一両九錢七分　廣善菴二両三錢　廣福菴四両

六錢　野間山二兩八錢二分　水神宮二兩八錢二
分　諏方社一兩四錢一分　松森宮八錢五分　萬
福寺八錢五分　八番寺一兩三錢三分　延命宮五
錢七分　水觀音五錢七分　十五社四兩二錢三分
大覺寺四兩六錢　霧鷲菴四兩六錢　祇樹林四兩
大悲菴霧源四兩六錢　緣羅菴大衡四兩六錢
以上每萬兩該八百一兩一錢三分
今新例該八百一兩一錢三分
又每船等坐派例

弁道二十兩　椗地五兩二錢
繳礼貲三兩　年行司小使五兩
王小使三兩　官銀箱八錢
寄火藥三兩
銅用則例
正派　每箱銅五用錢　又錢用一錢一分　秤手一
分　頭用三分　扛工六分七厘　扛工又加一錢
二分
共費銀八錢三分七厘　今新例該銀八錢五分五

厘
換貨　每箱銅用三錢　又銅用一錢一分　秤手一
分　扛工六分七厘　又加一錢一分
共費銀六錢七厘
繳礼白絲照丢票價八折
一内收一處八十六兩　一外收二處十二兩每處六兩
一正派四處十四兩每處三兩五錢
一續賣二處八兩六錢每處四兩三錢
共計每萬兩該銀一百二十兩六錢

[illegible][illegible]錄補 卷[illegible]

吾妻鏡補卷十七

吳江翁廣平　海琛纂

職官志

大夫　後漢書中元二年倭使人自稱大夫三國志景初二年遣大夫難升米次使都市牛利

刺史　三國志倭國傳常治伊都於國中有如刺史海防續編永樂十五年其國刺史奉表海國見聞錄以刺史千石為名

大倭　大率　三國志有邸閣國交易有無使大倭監

之自女國以北特置一大率唐詩作本率監察之

伊支馬　獮馬獲支　奴佳鞮　三國志女王之所都

其官有伊支云云南史同

司馬　宋書元嘉二年遣司馬曹達奉表

平西將軍　征虜將軍　冠軍將軍・輔國將軍　宋

書倭王珍求除正倭清等十三人平西征虜等號詔

並聽之

大德　小德　大仁　小仁　大義　小義　大礼

小礼　大智　小智　大信　小信　隋書官有十二

等員無定數

軍尼伊尼翼　隋書軍尼一百二十人八十戸置一

伊尼翼十伊尼翼屬一軍尼

眞人　唐書長安元年遣朝臣眞人粟田貢方物眞人

猶尚書也

眞連　宋史雍熙元年奝然自云姓藤原氏父爲眞連

眞連其國五品官也

按察使　鎭守將軍　參議　節度使　見日本風土

記輿卅多賀城碑參議又見七經孟子考文序

大宰　宋史元豐元年得其國大宰府牒文獻通考天聖四年明州信言日本國大宰府遣人貢方物

正一位　正二位　大學頭　見日本所刻朱子孝經刋誤又見長崎畨

三議正四位　見三朝志

從四位　見多賀城碑

左大臣　治部　淘宗儀記

外域書左大臣乃國之上相治部九卿之列也

將軍　年號箋後鳥羽院天皇建久三年始有將軍之

號蓋執國柄者非如平西鎮守等官也嗣後凡為將軍者其姓名皆得紀載按平壤錄日本國有七道每道有大將軍鎮守之

關白 備倭考正親町天皇天正十三年乙酉始有關白之號黃溪卿謂如漢大將軍也亦執國柄者嗣後凡為關白者皆得紀載按年號箋正親天皇癸酉信長任將軍乙酉秀吉任關白尤侗外國傳曰關白信長又後陽成天皇辛卯秀次任關白癸卯家康公任將軍乙巳秀忠任將軍尤侗又曰秀忠稱新關白按

關白之称僅有二十年二十年中並無將軍之称是以
則關白者非於將軍外別設一官即將軍而更其称
者也尤間以將軍關白為兩官蓋所聞異辞耳

左京兆　右京兆　見海防續編

拾遺　見戲鴻堂法帖宋名人書後日本國草書詩

抽分司　見日本國纂

朝散大夫　國校瞀學　見郡書治要

大司農　學士　侍讀　國子祭酒　步兵校尉

明府　記曹　部侯　見南遊稛載錄

東都講官　郡山教官　西條掌書記　見七經孟子
考文
文章博士　年代譬要
大納言
聖廟先生　長崎建孔聖廟有守廟官称聖廟先生
使院　官有使院秩視二千石專司兩國通商之事帶
理崎政一年所代通称曰王家
年行司　高木王　使院之屬有年行司高木王世守
其他使院之事得協理之

町長　客舟至則町長主之按東洋客遊畧長崎街謂之町々長者土人呼爲街官也海國見聞錄每年僉舉一街官街者鄉保也歲給贍養五十金　以上見

袖海編

天下總追捕使年代譜要

上士　中士　下士　上大夫　中大夫　下大夫

伍長　管一村之事員無定數

村長　治数村之事員或二三人

郡長　合数十村爲一郡員一人此三人長皆常人而

非士故無祿

郡宰　管一二郡之政以中士爲之有常祿

郡司管勾　管数郡之事以下大夫爲之執政者有事則以告國君國君不是國王是州之府主蓋府亦称爲國也

鎌倉主　管領

邑吏　凡武官邑吏以上皆佩一短刀考年代紀日本州之下領郡々之下爲村爲驛無有縣邑者然考宋學士集有贈釋全俊詩序云日本北陸道信濃州高

井縣人則日本亦有縣也惜紀載者不詳耳 以上

仙臺國紀畧 按日本畐纂仙臺薩摩州之一郡耳

亦得稱國不獨州可為國也

鎮臺 國老 年行司 譯司 街總官 花街司

見東洋客遊畧

大頭目 小頭目 高木公 見日本夷譯語

狀元黎媿曾筆記必取人才出羣者或數年得一人

秀才鄉紳保舉有官缺出即補

南國稠載錄有某藩文學儒官又有醫官稱侍醫號

箋有僧官競秀亭集有清館監諸官名

在京文武品官以坐席分大小一品官九層二品八

層最下一層官行用轎馬前列長大勇卒一員拔髮

手執偃月刀引道 平壤錄

日本附庸國職官志

秦韓國

臣智 諸小別邑各有渠帥大者名臣智下皆次者

儉側 樊秖 殺奚 邑借 見後漢書

對馬國

畀狗大官畀奴毋離副

瀚海國

畀狗大官畀狗毋離副

伊都國

爾支大官泄謨觚副柄渠觚副

奴國

兕馬觚大官畀狗毋離

不彌國

多模大官畀奴毋離副

投馬國

彌〻大官彌〻那利副以上見三國志

百濟國

官有十六品　佐平五人一品　達率三十人二品

恩率三品　德率四品　杆率五品　奈率六品以上

冠飾銀花　將德七品紫帶　施德七品皂帶　固德

九品赤帶　季德十品青帶　對德十一品　文督十二

品皆黄帶　武督十三品　佐軍十四品　振武十五

品　剋虞十六品以上皆白帶　自恩率以下官無常

員各有部司分掌衆務　内官有前内部　穀内部
内掠部　馬部　刀部　功德部　藥部　木部　法
部　後宫部　外部有司軍部　司徒部　司空部
司寇部　點口部　客部　外舍部　綢部　日宫部
市部　長吏三年一交代部下有方分爲五部曰上部
前部　中部　下部　後部　部有五巷士庶居焉
部統兵五百人五方各有方領一人以達率爲之方佐
貳之方有十郡郡有將三人以德率爲之統兵一千二
百人以下七百人以上　以上見北史

内臣佐平宣納號令　内頭佐平主帑聚　内法佐平
主礼　衛士佐平典衛兵　朝廷佐平主獄　官兵佐
平掌外兵　以上見唐書

新羅國

官有十七等　首伊罰干貴如相國　次伊尺千　次
迎千　次破彌千　次大阿尺千　次阿尺千　次乙
吉千　次沙咄千　次及伏千　次大奈摩千　次奈
摩　次大舍　次小舍　次吉士　次大烏　次小烏
次造位　外有郡縣　以上見北史

宰相 侍中 卿 太府令 凡十七等 以上見唐
書

吾妻鏡補卷十八

吳江翁廣平　海琛纂

藝文志

上宋順帝表 昇明二年　　倭國王武

封國偏遠作藩於外自昔祖禰躬擐甲冑跋涉山川不遑寧處東征毛人五十五國西服衆夷六十六國渡平海北九十五國王道融泰廓土遐畿累葉朝宗不愆於歲臣雖下愚忝胤先緒驅率統歸崇天極道濟之百濟裝治船舫而句驪無道圖欲見吞掠抄邊隷虔劉不已

每至稽滯以失良風雖曰進路或通或不臣亡考濟寔
怨寇讐壅塞天路控弦百萬義聲感激方欲大舉奄喪
父兄使垂成之功不獲一簣居在諒闇不動兵革是以
偃息未捷至今欲練甲治兵申父兄之志義士虎賁文
武効功白刃交前亦所不顧若以帝德覆載摧此彊敵
克靖方難無替前功竊自假開府儀同三司其餘咸各
假授以勸忠節

謝宋太宗表 端拱元年

日本國東大寺大朝法濟大師賜紫沙門奝然啓傷鱗

入夢不忘漢主之仁枯骨今歡猶亢魏氏之敵雖云羊
僧之拙寧忘鴻鷺之誠誠惶誠恐頓首頓首死罪
奮然附商船之離岸期魏闕於生涯望落日而西行十
萬里之波濤難盡顧信風而東別数千程之山岳易過
妾以下根之卑適詣中華之盛於是宣旨頓降恣許荒
外之跋涉宿心克協歷觀宇內之瓌奇況乎金闕曉後
望堯雲於九禁之中岩扃晴前拜聖燈於五臺之上就
三藏而稟學巡数寺而優遊遂使蓮花迴文神筆出於
北闕之北貝葉印字佛照傳於東海之東重蒙宣恩忽

趁來跡季夏解台州之纜孟秋達本國之郊爰待明春
初到舊邑緇素欣待侯伯慕迎伏惟陛下恵溢四溟功
高五岳世超黃軒之古人直金輪之新奝然空辞鳳凰
之窟更還螻蟻之封在彼在斯只仰皇德之盛越山越
海敢忘帝念之深縱粉百年之身何報一日之恵染筆
拭淚伸紙揺魂不勝慕思之至謹差上足弟子傳灯大
法師位喜因併大朝剃頭受戒僧祚乾等拜表以聞永
延二年歲次戊子二月八日

吾妻鏡跋 一名東鑑

夫人之處世也言行之善不善不可不記焉得一善記之則百世善其人得一惡記之則百世惡其人言行寔君子樞机也可不慎乎左氏記春秋而作萬民龜鑑得良史名者難矣哉東鑑一書自治承四年至文永三年八十七載之間傍羅曲探以大抵記之不知記者名爲遺憾久歷年代其名湮没耶深隱山林其名埋没耶抑又謙退以下著其名耶見此書則言行之美惡如指掌也吾大將軍源家康公治世之暇玩弄此書見善思齊焉見不善内自省也凡人主所趨向天下隨之如風草

形影也以東鑑名之者非無所由殷以夏爲鑑周以殷爲鑑詩曰殷鑑不遠在夏后之世今也梓刻以壽其傳後世能見此書辨別淄澠則非啻東州明鑑豈不足四方鑑戒乎書之以爲跋慶長十稔星集乙巳春三月日

前龍山見鹿苑承兌叟

附吾妻鏡跋

吾妻鏡五十二卷亦名東鑑撰人姓氏未詳前有慶長十年序後有寛永三年國人林道春後序則鏤板之歲也編中所載始安德天皇治承四年庚子訖龜山院天

皇文永三年七月凡八十七年歲月日陰晴必書餘紀
將軍執權次第及會射之節其文義鬱轖又雜倭訓於
旁譯之不易而國之大事反畧之所謂不賢者識其小
者而已外藩惟高麗人著述往往流入中土若鄭麟趾
高麗史申叔舟海東諸國紀以及東國通鑑史畧諸書
多可考證日本職貢不修其君長授受次第自奝然所
紀外相傳頗有異同臨淮侯李言恭撰日本考紀其國
書土俗頗詳而國王世傳未明晰合是編以勘海東諸
國紀則不若叔舟之得其要矣康熙甲辰獲覩是書於

鄭東高氏之稽古堂後四十三年乃歸插架惜第六第七二卷失去慶長十年者明萬曆三十二年寛永三年者明天啓四年也按竹垞藏本失七八二卷寛永三年丙寅當天啓六年

附吾妻鏡拔

此書余從尤西堂太史水哉軒藏本鈔得其所藏亦係鈔本百三十冊分五十二卷余以小格式寫之僅得二百八十餘頁安置插架以資披覽閒曝書亭所藏有刊本與此大有異同當於暇日假以校勘焉其書所紀甲子年號與唐書宋史玉海癸辛雜識等書亦有不同所

紀奉佛之事或曰禪宗宏或曰律宗宏或曰某〻念佛
始或曰某〻大念佛始其創立佛寺頗多知日本風俗
無貴無賤無不佞佛者佛教之盛至斯極矣其紀事祇
八十七年凡風雷晴雨無日不紀竟如中國官署中之
陰晴簿大可異也其詞句猥濫不能盡通其義殊不足
觀然海外著作流入中華者甚少因破一月工錄畢裝
潢成帙公諸同好未始非藝苑之一助也

七經孟子攷文敘

先王之道凝仲尼以傳萬世知命之言信哉故其言曰

文王既沒文不在茲乎苟非至德其孰能與於斯乎然又曰逝者如斯夫不舍晝夜又曰朝聞道夕死可矣言古之不可復反而道之易失也不爾以仲尼之聖而周流諸夏訪求弗已歷二十年之久自衛反魯而後雅頌各得其所若是其難者獨何也後之君子不体聖人之心乃徇其眇忽荒昧之說而信而好古之義幾乎熄焉豈不盭哉秦燹之後漢建學官逸文古籍往往乎出當其時經顓門人殊義亦頗紛然莫知所適從而原其所自蓋皆七十子之徒所傳追乎馬鄭諸家蒐而鳩之考

蒐輯綴之勤其功廣哉亦可謂知之次也已故千載之後欲求聖人之道者終不能廢漢儒而他授爲是故也宋而後人喜新說而古注疏束之高閣今閱所存古注疏廢劉文滅不可得而讀之夫以諸夏聖人之邦世奉教之弗衰學士之衆何限而乃致斯泯泯者豈非人不体仲尼之心信而好古之義熄焉耶下毛之野有野參議遺址乃數百年絃誦之地紀人神生風有好古癖而僧州人根遜志者往採之獲宋本五經正義文具如弇州之言而較之明諸本其所闕失皆有之紕繆悉得又

獲七經孟子古本及論語皇侃較之其經頗有異同而古時跋署可徵亦唐以前王段吉備諸氏所齎來存於此而亡於彼也生喜如拱璧遂留三年磬其藏以歸因積勤得疾西條侯聞其傳錄上其所較生疾更甚遽從免事呻吟交發不得辨其為何聲顛沛以之期年而成疾亦尋差凡三十有二卷題曰七經孟子攷文問序於茂卿茂卿既悲仲尼之心而喜生之体其心誓死弗輟卒能竣功斯文也又幸諸夏之所逸而獨巍然乎吾邦靈祇所衛千載若新以援之生而寵錫海內也嗚呼國

家文明之化與有光者爲之序生名鼎字君彝先是自紀齋粮跋涉千里來吾塾中道既通以文學教於侯之府云享保十有一年丙午正月望郡山教官物茂卿題

七經孟子攷文補遺敘

茲者西條侯謄寫山井鼎七經孟子攷文以進戊申孟秋政府俾臣觀校其所撰臣與講官平直清及諸生等倣鼎目錄採輯校讐書若干卷援引書若干卷以校如鼎之舊攷文爲書也撰足利學所藏書寫本周易三通毛詩二通尚書礼記孝經孟子各一通論語二通魯論

皇侃義疏各一通活字板周易礼記左傳論語孟子各一通宋板周易尚書毛詩左傳礼記各一通與今本字異者鼎言曰書寫本吾邦古博士家所藏爲唐以前物活字板學印書寫本皆世之所無蓋謂本學之所藏者幾亡則不可復得也此鼎考文所由而與焉但前書頗有所遺漏臣愚昧假恰於校讐之際敢補前書之闕以係各條後題曰補遺每條各四目曰經曰注曰釋文曰疏倣前書之舊其句中字或闕註每句下謹按正誤條闕本名註每條千竝嵌以補遺別之編寫成目刊布中

外欲使人有知今本之所失乎古者也臣按經傳三代
聖人之雅言美詞固也及漢輯兵燹之餘則君子可以
闕如者蓋亦不鮮然而守此可以觀古者未有也其傳
士家各以所傳作之訓詁而家傳户誦則自牘字衍若
闕語助復二三若四五者不必相對者不一亦各足以
觀古逮校定於宋儒手〻就於鋟扈〻繩愆糾繆以為
聖朝之功然若斯從此以往者臣不欲觀之下迨萬曆
崇禎間贋甚〻論矣此經藏於名山千有餘載蓋必有
待乎今日者矣後世從事於斯者將有沐浴國家明盛

之澤也享保十有五年歲庚戌暮春之日東都講官臣
物觀謹

附七經孟子攷文補遺題辞　盧文弨

七經者易書詩左傳礼記論語孝經也又益以孟子皆據其國唐以來相傳之古本及宋刻本以校明毛氏之汲古閣本古文祗有典與注其文增損異同往往與釋文正義語多相合但屢經傳寫亦有舛譌其助語致多有灼然知其謬者亦載入然斷非後人所能譌作也其尚書經文更多古字別彙置一冊此皆中國舊有之本

遺亡已久而彼國尚相傳寶守勿替今又流入中國讀者尚加倍珍惜也唐陸龜蒙詩中有聞日本國載土人挾儒家書洎釋典以行作一絕送之云九流三藏一時傾萬軸光凌渤海深從此遺編東去後卻因荒外有諸生觀此足知其相傳唐以來之本果可信也

辨名序

物茂卿

自生民以來有物有名故有常人名焉者是名於物之有形焉者已至於物之無形焉者則常人之所不能睹者而聖人立名焉然後雖常人可見而識之也謂之名

敎故名者敎之所存君子愼焉孔子曰名不正則言不順蓋一物紕繆名有不得其所者焉可不愼乎孔子旣沒百家全涌各以其所見以名之物始舛矣獨七十子之徒愼守其師說以傳之迨乎漢代人異經〻異家其言雖人人殊要皆七十子之徒所傳也雖有舛焉者乎此之失彼或存焉者亦有之參彼此以求之庶乎而名與物不舛也耶傳舊故也馬融鄭元旁通諸家有所稽定斯獨橫斥於是乎嵩門之學廢而名與物舛焉者不復可得而識矣所不傳者多故也豈不惜乎自厥以降

世載言以移唐有韓愈而文古今殊焉宋有程朱而學
古今殊焉之數君子者皆稟豪傑之資雄視一世慷慨
自奮輙以聖人之道爲已任焉然其秉心之銳能逞論
其世哉乃意自取諸理而爲聖人之道在是矣殊不知
今言非古言今文非古文吾居於其中而以是求諸古
乃能得其名者幾希且理者莫不適者也吾以我意而
自取之是安能得聖人所爲物者哉名與物失焉而能
得於聖人之道者未之有也故程朱所爲名亦其所自
見耳非七十子之徒所傳孔子之道也故欲求聖人之

道者必求之六經以著其物求之秦漢以前書以著其名名與物不舛而後聖人之道可得而言焉已故作辨名

物一則　辨名條目共三十四詳書目中存此一則以概其餘

物者教之條件也古之人學以求成德於己故教人者教以條件學亦以條件守之如鄉三物射五物是也蓋六藝皆有之成德之節度也習其事久之而所守者成是謂物格方其始受教而物尚不有於我譬諸在彼而不來焉及於其成而物為我有譬諸自彼來至焉謂

其不容力也故曰物格格者来也教之條件得之我則知自然明是謂知至亦謂不容力也鄭元解大學訓格爲来古訓尚存焉者謂爾朱子解爲窮理窮理聖人之事豈可望之學者哉且其解曰窮至物理是格物解窮理而後義姑成焉是文外生義豈非妄乎且古所謂知至者謂得諸身而後知始明也而朱子窮理在外者而致吾知可謂强己且如中庸曰成己仁也成物知也亦謂學問之道學而成德於己以其後来統會者而言之故曰仁也所愛教体而成功是所謂物格也物格而後

知至故曰知也又孟子曰萬物皆備於我矣反身而誠樂莫大也亦謂此也教之條件盡數甚多故曰萬物皆有於我之事也故曰皆備於我習之孰而後為我有為我有則不思而得不勉而中是謂反身而誠不爾則天地間之萬物備於我則孟子豈有此荒唐之論乎是皆不知古言之失也又如其次致曲亦謂學曲禮而有諸身也曲禮在彼習之久而身有之亦如自彼來至故曰致古學問之道可以見矣又如大象傳曰言有物而行有恒緇衣曰言有物而行有格也蓋古之君子非先王

之法言不敢道也所言皆誦古言如左傳卿大夫之言克己復礼出門如見大賓之類皆孔子所謂教也如陽貨曰日月逝矣歲不我與懷寶迷邦又宋玉曰口多微辞所學於師也可見古人學詩其言爾雅如此是皆所謂言有物也言其不任臆肆言必誦古言以見其意古言相傳存於宇宙間人記憶古言而在其胸中猶如有物然故謂之物若任臆肆言則胸中莫有所記憶莫有一物是無物也曰行有格言不待格徒記憶古言而言之耳至於行則必求諸身故曰行有格格則恒久故又

曰行有恒其義一矣

古梅園續墨序

唐已公有墨法墨疏其書不可得焉則其墨豈可獲乎彭淵材以李廷珪墨配歐陽公五代史稿文與可墨竹淵才豈不知求古墨千潞易變而獨至寶於廷珪者無他以其精而已矣是知墨不必古不必今不必遠不必近惟其製盡其法之爲貴耳南都松貞文氏以墨爲業所謂古梅園者蓋亦其製盡其法者也貞文家世有善行其父蓋隱者也韜光於墨中殆四十年矣著墨述數

篇貞文讀父書善承父志研窮鑽透深探奧賾驗諸郡籍諜諸人孜々矻々日居其業其墨大小非一大率皆神逸高奇之品妙絕一時載在墨譜　擅美文房久矣去歲西遊崎港觀問海外真法已而大得其所欲於是再為墨譜請海雲翁序之又乞余一言余昔識貞文於海雲山上愛其坦率善解事且有文其談墨法亹々可听尚且汲々求墨法不已嗚呼甚哉貞文之志之業之勤也求之於心求之於書求之於人而又求之於海外遂成父業而其工日益精矣衆工無以加焉苟有賤工

視而效之將變爲良工矣因嘆吾輩日讀聖賢之書不能窮理以至所至求於心而不得則遽立間識論安於小見識有以貞文氏者多矣是爲序寬保元年三月南湖崛正脩

右摘録古梅園續墨譜序并畫壺碑墨形以見海外亦有碑刻也

西

多賀城

去京一千五百里
去蝦魚國界一百廿里
去常陸國界四百十二里
去不野國界二百七十四里
去靺鞨國界三千里

此城神亀元年歳次甲子按察司兼鎮守將軍從四位上勳四等大野朝臣東人之所置也天平寶字六年歳次壬寅參議東海東山節度使從四位上仁部省卿兼按察使鎮守將軍藤原惠美朝臣朝獦修造也

太平賀字六年十一月一日

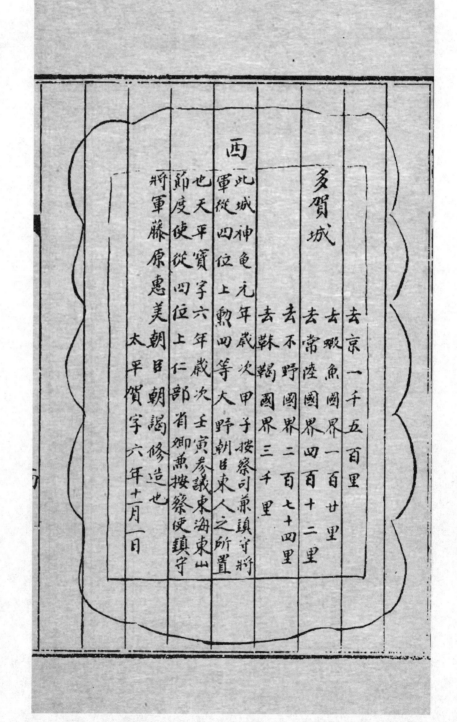

壺碑

碑　在奥州宮城郡市川邑多賀城址

竪六尺五分横三尺四寸以木匠尺量之

日本風土記曰陸奥國宮城郡坪碑在鴻之地鴻之地名今發

爲故鎮守府將軍惠美朝獦立見雲真人所書也

記京師及屬國行程令旅客不爲之迷途

享保戊申首夏僕探東奥之勝親抵碑下審量

横竪今造墨象以供好古諸君子云

平城古梅園松井貞誌

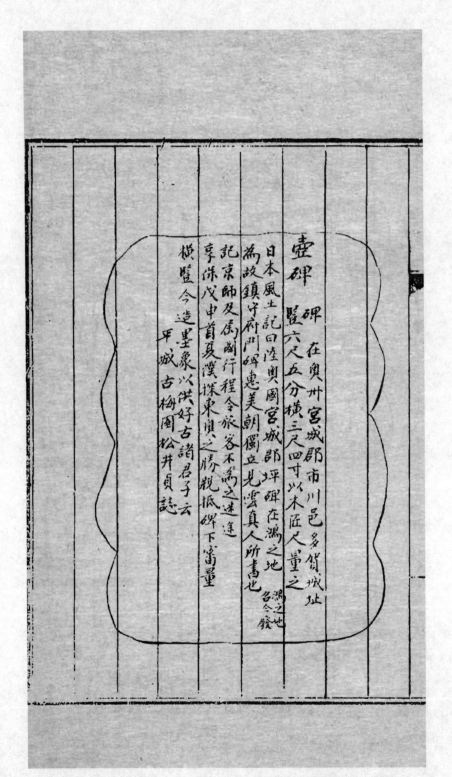

吾妻鏡補卷十九

吳江翁廣平　海琛纂

藝文志二

皇侃論語義疏新刻序

往者根伯修與神君彝俱遊下毛足利學足利之藏首
稱石室中遺散失而僅僅乎存於今中華後世所不傳
異書猶多矣君彝乃與伯修讐校七經孟子而遂考文
既刊行於世矣伯修與功爲多矣而又伯修所獨而遂
皇侃論語義疏即亦中華後世蓋無傳焉據馬端臨考

乃目論語疏十卷而晁氏云梁皇侃引衛瓘某〻凡十三家之説成此書其引事雖時詭異而援證精博爲後學所宗又云皇朝邢昺等亦因皇侃所採諸儒之説刊定而撰正義因皇疏則然也未知馬氏所考　即所覩觀而云歟抑將徒耳所傳而勦説歟夫邢疏出而後亡幾程朱諸氏經生之學紛〻輩出雖別成家弁髦雋傳於其所校皇本異同無一及焉者派焉可知況後後繼無覩而非宋説者乃益遠其書不傳必矣時獨焦弱侯云公冶長辨鳥語具論語疏以敎楊用修其他[illegible]尒

爲星一二若觀皇疏者然不可以一信百道聽相傳文獻不足徵也由此視之中華後世今亡矣夫要之世好事唯新是貴積薪之情率以後世爲尚而作者不學亦不欲存其舊宋人之敝乃爾蓋邢疏本而皇疏廢矣廢以至亡無聞焉爾亦其勢耳夫邢氏所疏比諸他正義既屬兩科皇疏雖詭援證後儒觀聽不決寸有所長兩立並行非過存也焉可付之烏有是哉惟我皇和神明扶持物亦與世代永久於是可知也惟是足利之藏我不可保今而不傳後世恐復散失是可惜也乃伯修氏

之志如斯則鐫刻之舉其可緩歟近有請鐫焉者伯修既再校以授之矣此舉也余惟非獨海以外行既宏矣即傳之中華而俾知吾邦有關文明則伯修之勤有功於國華者乃復伯修氏志余亦喜其足以酬焉遂爲之序寬延庚午春正月平安後元喬

校正羣書治安序

古昔聖主賢臣所以孜孜講求莫非平治天下道皆所以救弊於一時成法於法萬世外此豈有可觀者但世遷事變時換勢殊不可不因物立則視宜創制是以

論說之言曰誥撰著之文曰繁簡樸常寡浮誕漸勝其綱之不能知而况舉其目乎此書之作益以此也光明道之所以立而後知政之所以先尊教之所行以設而後學得之所以歸自典誥深奧史子辨博諸條乎政術存乎勸戒者舉而不遺罷朝而不厭而淆亂閑窒而不煩其究誠亦次經之書也我朝承和貞觀之間致重藏襲緝熙之盛者未必不因講究此書之力則凡君民臣君者非所可忽也尾公有見於斯使世子命臣僚校正而上之本又使余信敬序之惟信敬稱而不敏如宜固

辭者而不敢者抑亦有故也羣書治要五十卷五十卷
内闕三卷神祖遷駿府得此書惜其不全命我遠祖羅
山補之三卷内一卷今不傳今尾公此舉上之欲君民
者執以致日新之美下之欲臣君者奉以贊金鏡之明
爲天下國家冀昇平之愈久遠心曠度有不可勝言者
也信敬預此亦知遠祖所望信敬是所以奉命不敢辭
也天命七年丁未四月朝散大夫國子祭酒林信敬謹
序

刊羣書治要例

謹考國史承和貞觀之際經筵屢講此書距今殆千年
而宋明諸儒無一言及者則其亡失已久寛永中我敬
公儒臣堀正意檢此書題其首曰正和年中北條實時
好居書籍得請諸中秘寫以藏其金澤文庫及神武統
一之日見之喜其免兵燹乃命範金至台廟獻之皇朝
其餘頒宗戚親臣是今活字銅板也舊目五十卷今存
四十七卷其三卷不知亡於何時羅山先生補其二卷
其一傳不傳故不敢也但知金澤之舊藏亦闕三本近
世活本亦難得如其繕本適寫遺誤勢世以音訛所處

以訓繆間有不可讀者我孝昭二世子好學及讀此書有志校刊幸魏氏所引原書今存者十七八乃博蒐異本於四方日與侍臣照對是正業未成不幸皆早逝今世子深悼之情繼其志勗諸臣相與卒其業於我是公上自內庫之藏旁至公卿大夫之家請以比之借以對之乃命臣人見泰臣深田正純臣大塚長幹臣宇野久恒臣角田明臣野村武昌臣岡田挺之臣関嘉臣中西衛臣小河鼎臣南宮齡臣德民等考異同定疑似臣等議曰是非不疑者就正之兩可者共存人與所引錯宗

大異者疑魏氏所見其亦有異本歟又有彼全備而此甚省者蓋魏氏之志唯主治要不事修詞亦足以觀魏氏經國之器規模宏大取舍之意大非後世諸儒所及也今逐次補之則失魏氏之意故不爲也不得原書者則敢附臆考以待後賢以是爲例天明五年乙巳春二月乙未尾張國校督學臣　細井德民謹識

全唐詩逸序

大清康熙之朝全唐詩集成其人以千計其時以萬計雖章隻句散在諸書者採掇無遺也不謂盛且備乎

殊不知尚逸而存吾日本亦不爲尠也當時遣唐之使留學之生與彼其墨客韻士肩相比臂相抵則其所研唱嘉藻記其所口謄其所記裝以歸者蓋比々不已大江維時之千載佳句的々珠璣穫其庀而逸其全雖則可惜哉其所以亡乎彼而存乎吾不亦幸乎上毛河子靜有慨於此也著全唐詩逸三卷夫然後所謂滄海無遺珠者非耶大抵典籍之亡於彼而存於我者在佛書太多然不廣行世近世太宰氏所校古文孝經流入西華新安鮑廷博再刻而行之作序貫之今使斯書亦流

而西豈後不刮目而觀之哉子静名世寧昌平　都講
博雅尚志亦嘗著日本詩紀五十卷其有功於藝文不
獨斯書云天明八年戊申十月淡海竺常撰

鄭注孝經序　　　尾張岡田挺之撰

孝經有古文有今文孔安國古文作傳而鄭康成注爲
今文孔傳世多有刻本鄭注則否南齊時國學置鄭元
孝經陸澄乃與王儉書論之曰世有一孝經題爲鄭元
注觀其用辭不與注書相類按元自序所注衆書亦書
孝經儉答曰鄭注虛實前代不嫌意謂可安仍舊立置

據之則鄭注之行其來尚矣是本與陸德明經典釋文胎合無差其為鄭注審矣頃者讀知不足齋叢書所載古文孝經鮑盧諸家序跋乃知惟得孔傳未得鄭注瀛海之西其亡已久嗚呼書之灾厄不獨水火靳秘之甚其極有至澌滅者豈不悲乎今刻是本余之志在傳諸瀛海之西與天下之人共之家置數通人挾一本讀之誦之則聖人之道由是而宏悠久無窮海舶之載而西者保其無恙冀頼神明護持之力鮑盧諸家得是本再附剞劂則流傳乃遍於寰宇當我世見其收在叢書中

所翹趾以俟之也

右今文孝經鄭注一卷羣書治要所載也其經文不全者據注疏本補之以便讀者寬政癸丑之秋書林片野堂東西郎梓

孝經跋

夫孝者德之本也教之所由生也移之於君臣則爲忠義之道移之於兄弟則爲友愛之道移之於夫婦則爲和樂之道移之於朋友則爲信從之道天倫之理萬行之所由出也若不諳此書則與禽獸何以異哉惟期人

人誦之家傳之掌握懷收口唱心行也因鏤諸梓而珍
於世云寶永三年暮春之日大學頭藤信篤

附孝經書後　翁廣平

右日本所刋小板孝經與今世所傳劉向定本大異細
考之蓋朱文公刋誤本也謹按
欽定四庫全書簡明目録及朱竹垞經義考知文公本
孔氏古文分爲經一章傳四章次序頗有顛倒又删
經文二百二十三字自此以後講學者務黜今文而尊
古文而專守一家之説者遂若水火之不相入元吳澄

又改定今文孝經亦為經一章傳十二章亦頗顛倒其
次序蓋孝經至宋元古文今文皆有改本矣迨毛西河
有孝經問一書痛駁朱子吳澄其反復詬爭未免過當
然其書亦收入　四庫全書者以刪改古經談何庸易
其說要不得謂之無理也男稽孝經出於漢顏氏獻隸
書十八章劉向定為今文者也即鄭康成所注是也其
出自孔壁者為科蚪書安國不解篆文意為增損遂開
後世古文之惑唐明皇取王肅六家參放孔鄭為注一
卷詔元行沖疏之宋邢昺因是增損為正義三卷可稱

善本校之朱子之刋誤經文且有可疑況注疏乎夫明皇之註雖可稱然删閨門一章未免爲後世所載而朱子存之則朱子亦未嘗不信古也余考日本之講經學者如林羅山山井鼎太宰純物茂卿輩皆尊漢儒而薄宋儒茲乃以刋誤本而刋行之其餘於宋儒又何嘗不尊之也哉

論語古義序

京兆伊藤長允

昔者夫子生乎衰周之季躬天縱之資立生民之極祖述前聖討論典墳其道之大德之盛亘古今而莫之比

也其遺言微旨之托於後者門人弟子謹而備錄名曰
論語固經中之一王百家之權衡也聖而前乎此者不
經其品章則萬章無以識其爲聖賢而後乎此者不就
其折衷則萬世無以辨其言行事實之爲孰得孰失也
言其大也則猶天地之囿萬彙而品彙莫不囿羅乎其
中言其近也則猶布帛菽粟之切於民用而一日不資
則不能以爲人欺道之蘊奥學問之階級固具於其中
而不待復求之於其外矣自漢而後疏解註述之繁非
不精且詳也然徒視以爲平寔法語而非鉤元探賾之

至論應酬常談而非統宗會極之要言則雖不能不沿解以溯經亦不可以不原經以審註焉大抵聖人之道務寔故其教人每就日用行事之寔求之是非得失而未嘗使之求心於一念未萌之先也今且舉其大者二十篇中鉅細必舉而其要莫仁為大也後之所謂仁者以寂然不動解覺愛之理為仁之體以惻隱之發乎心者為仁之用而以其著乎行事澤物利人實迹之可見者為仁之施於是仁分為三截而其用功全在乎屏欲閑邪湛乎瑩乎以復靈覺不昧之初則澤物利人之利

乃其發見而仁之粗者也而質先聖之言則所謂仁也者唯一而已矣而主定故其恩愛之及物雖有生熟大小之差皆可以謂之仁而安則為仁者利則為智者假則為霸者依則為人違則非人也所以其用工之方義以配之礼以節之智以明之或忠或恕或敬能敦其節而後可以為仁矣而語其本則孝弟之心乃所謂能知之良而至於人之基也若夫至於不動之初未萌之際則聖人固無其說矣推之百行莫不皆然昔吾先人夙志聖學衽席經典服膺遺訓唯信夫子之為曠古一人

之聖此書之爲曠古無上之經晝誦宵繹參究訓傳恍然自得始覺後世之學與古人異茲未强仕已草此解杜門卻掃日授生徒不復知世有声利榮華之可羡改竄補緝向五十霜稿凡五易白首紛如冀傳聖訓於後昆托微志於汗青墳義未説時有出入則蓋亦不暇校矣允也不肖夙受其分數奉以周旋不敢失墜徒知讀父書傳之同志爰命鋟梓以垂不朽云

論語徵題言

孔子生於周末不得其位退與門人修先王之道論而

傳之六經傳與記是已其緒言無繁属者輯為此書謂之興者裁然耳蓋七十子之後諸家所傳不無附益獨此至為醇真故學者宗之比諸六經迨漢代列之學官崇聖人之言也後世先王之道林明豪傑士厚自封殖以聖知自處遂至於以六經為先王陳迹獨潛心斯書然學不師古非孔子之心矣乃敖然自取諸其心以為解者自韓愈而下數百千家愈繁愈雜愈精愈舛皆坐不師古故也余學古人辭十年稍〻知有古言古言明而後古義定先王之道可得而言也獨悲夫中華聖人

之邦更千有餘歲之久儒者何限尚且嘵嘵然事堅白之辨而不識孔子所傳何道也況我東方乎孟子有言曰無有乎爾則亦無有乎爾豈謂今之時與是以妄不自揣敬述其所知其所不知者蓋闕如也有故有義有所指摘皆徵諸古言故合命之曰論語徵

南遊稠載錄序

今茲庚申之元日家君與闔家酌椒酒欣欣如也乃謂秀曰秀也汝無四方之志乎昔者吳公子札之聘於魯觀於周樂乃論周南召南以下諸國風遂聘於齊聘於

鄭適衛自衛如晉蓋於魯説叔孫穆子於齊説晏平仲於鄭説子産於衛説蘧瑗史狗史鰌公子荆公叔發公子朝於晉説叔向云爾豈非萬古之壯遊也哉而今地非其地世非其世且汝身在畝畝之中而無公卿大夫之位則何以得賜於列國而與其學士大夫周旋乎哉唯是東都爲人文之淵藪也客於東都者數旬耶則雖身不遊於列國庶幾哉以得與其學士大夫周旋矣則其觀樂論詩亦何難之與有秀唯唯乃急假裝以正月丙寅發村居以癸酉至於東都遂客於東都而與其譜

紳君子及列國諸名賢周旋者凡七旬有七日竟以四月辛卯辭東都以丁酉至家云解歸裝則海內諸君子投贈寄亦應酬送別之諸什多在焉乃錄以呈家君家君卒業而笑曰此何異季札所論或有勤而不怨者或有憂而不困者或有思而不懼者或有其細已甚者或有泱泱乎大風者或有　而不淫者或有大之至也者或有大而婉險而易行者或有憂之遠也者雖今之詩與古之詩異乎至於其吟咏情性則一也且汝與海內諸君子以何人比叔孫穆子以何人比晏平仲以何人

北子産蘧瑗叔向輩也且也汝蒯緱劍爲其徐君者誰哉秀也無以對乃乞集名於家君家君又笑曰昔者齊桓公知諸侯之異己也故使輕其幣而重其禮諸侯之使垂橐而入稛載而歸云爾豈不盛哉今也雖地異世異人異事異乎主盟於藝苑於東都而立赤幟於文闈者何人也汝南遊東都而得海內諸君子投贈寄亦應酬送別之諸什若是其多則茲集曰南遊稛載錄之不亦善乎秀曰唯遂書茲集之所以成與所以名以爲之序寬政庚申夏五月丙申東奧熊阪秀撰

題戌亥遊囊

寛政庚戌之冬及辛亥之春秀有故再遊東都秀時年二十餘至愚之性極陋之質何以能得與海内諸名賢周旋乎哉惟是海内諸名賢與家君爲舊相識也以通家之好屋烏之愛有投贈寄亦應酬送別之作秀嘗輯名曰戌亥遊囊今因予南遊綢載録合刻以傳於世云

寛政辛酉春二月熊阪秀誌

吾妻鏡補卷二十

吴江翁廣平海琛纂

藝文志

佚存叢書序

歐陽永叔日本刀歌云徐福行時經未焚佚書百篇今尚存然所謂百篇之書我無有之則不知其何據豈意度之言耶惟我邦皇統一姓神聖相承未始有易姓革命之變而古文之化稽古之風歷千載而彌盛故使凡出於古者今皆不至於𢡟替也至載籍則惟本邦古今

所有即西土撰著傳到此間輙亦永存不失向使百篇之經果傳於我者必不使其終散亡矣余嘗讀宋以還之書乃識載籍之佚於彼者不少也因念其獨存於我者而我或致遂佚則天地間無復其書矣於是彙為一編姑假諸歐名曰佚存叢書顧是編所彙惟佚是存不必問其醇疵瑕瑜譬之古器千年外物皆可寶重寧惟夏彝周鼎然後可傳也哉寛政十有一年歲在屠維協洽孟冬月吉天瀑山人撰

題古文孝經孔傳後

古文孝經孔傳坊刻數本余所見古寫本四五種惟宏安二年書本爲最古而又多與坊本異經文往往雜異体字如上作丄下作丅始作乨終作冬之類蓋所謂隷古文者已足利學藏孔傳尚書多用異字而其体亦與此同乃知此本之傳於我蓋在開元改定之前也往者山井鼎等撰七經孟子考文獨收尚書異字而不及孝經或未見之耳余故取書本數種參互校訂定爲此本至孔序則刊本皆載之而書本多不載今亦從之孔傳之出於僞托先儒既已論之雖舊籍之巋然遺於今日

者無幾即其出於僞托要亦千年外物寧可使之終歸淪廢乎乙未仲春初七日天瀑識

題五行大義後

五行大義五卷隋蕭吉撰隋書本傳載其著述之目而獨不及此書魏鄭公偶未之見耳唐宋藝文志亦不著録豈早佚於彼歟書中所論皆陰陽五行之事不過漢儒餘論然其文章醇古非後唐以下所能爲而其所援證往往有佚亡之書今不可得見者且蕭以陰陽算術著稱見其本傳則此書之出於蕭手萬無可疑世之相

距千有餘年而此書獨完善乎我焉亦奇矣哉安得不較而傳之乎乙未竹醉日天瀑識

題臣軌後

唐武后撰臣軌二卷與太宗帝範並行亦有合刻本流布於世唐志著錄而宋志不載臣軌惟鄭樵藝文略並載之其他無見也大清乾隆中纂四庫全書帝範獨錄出於永樂大典而不及臣軌則亦以不存焉余家舊藏鈔本臣軌一部往往雜以武后制字蓋當時原本耳但諸書所藏制字間與此異未詳其孰是今一仿鈔本

之舊云己未星夕前一日天瀑識

題樂書要錄後

史称吉備真備靈龜二年爲遣唐留學生入唐研覃經史該涉衆藝天平七年歸献唐礼一百三十卷大衍歴經一卷大衍歴立成十二卷測影鉄尺一枚銅律管一部樂書要錄十卷絃纏漆角弓一張馬上飲水漆角弓一張甲箭二十隻平射箭十隻按樂書要錄之傳於我國此時爲始年代邈遠佚亡過半今所存只第五第六第七三卷予嘗得鈔本一通無復別本可以勘對則誤

以傳誤耳噫唐時之書貽於今者其與能幾苟有存焉
洵虬龍之片甲旃檀之寸枝其為奇香異采不已多乎
若大唐礼百三十一卷其或藏於名山石室亦未可知
也他日幸有獲以傳之可稱一快耳己未仲秋既望天
瀑識

題兩京新記後

唐韋述撰兩京新記五卷宋史藝文志著於錄余偶得
古鈔本一冊乃其第三卷兩首又闕數紙焉卷尾題云
寫金澤文庫本則是書之流布此間舊矣但其不完殊

爲可惜矣彼中撰述援引此書者絶罕惟宋陳大昌雍錄明郎瑛七修類稿嘗一及之而其他無見也則疑其佚於彼焉及讀清人朱彝尊書熙寧長安志後云東西京記世無完書乃識其書雖存而非完書矣安知彼之所佚非我之所存乎嗚呼唐代遺書傳世者罕斷簡賸策固在可珍況兩京當時之盛亦可因以概見則在好古者尤所宜珍尚焉抑亦覩隻羽片鱗以想見夫龍鳳之姿也已己未秋八月小盡日天瀑識

李嶠百詠跋

李鄭公雜咏二卷或稱百咏或稱百二十咏皇朝中葉甚喜此書家傳户誦至使童蒙受句讀者亦必熟皆爲以故諸家傳本不一而足則彼中則其詩雖散見諸類書各門而單行本後世蓋軼矣及康熙中編全唐詩而雜咏亦存乎其中然軼數句者甚多豈捨掇諸所載以裒録者歟唐書藝文志李嶠雜咏十二卷疑誤羨十字宋史藝文志作李嶠新咏一卷則已非其舊矣新字恐是雜字因形似譌耳余所覧数本而惟此本最係古謄其爲唐時藍本不容疑焉故校而傳之己未重陽日天

瀑識

張廷芳序撰於作注時朗咏集注往往引百咏注而今已亡爰據原本仍冠其序於首宋志載廷芳注哀江南賦而不及此注則佚亡之久可知云　天瀑又識

書文館詞林後

王伯厚玉海引唐會要曰顯慶三年十月二日許敬宗修文館詞林一千卷上之崔元暐等訓註（據唐書暐當作暐）今按唐書藝文志曰文館詞林一千卷許敬宗劉伯宗等撰又曰崔元暐訓註文館詞林策廿卷乃知其書原有

一千卷而元暐所注只其策二十卷也會要係訓註於一千卷下者謬矣宋史藝文志錄文館詞林詩一卷而不錄其全書蓋當時已闕佚所存止一卷耳但以其書之浩博而詩僅一卷是則可怪一字誤寫不則上下有脫字亦未可知也是編之流傳於我者已久而今亦不復完存其古鈔殘本或藏於古刹或珍於好事家予訪求搜索乃獲四卷其三卷尚多殘闕其六百六十二卷多用則天制字豈以武周時之本而傳寫焉歟今皆以通行字更寫之其第六百九十五卷末記云校書殿寫

宏仁十四年歲次癸卯二月爲冷泉院書令以干支推之正當唐穆宗長慶四年則其傳來之久亦可見矣嗚呼千卷之鉅典而闕佚殆盡僅僅零編無復可用然矣賴此可以窺其体例於萬一也則又烏可不傳焉乎庚申歲清明之八日天瀑識

書感興詩註後

覺軒蔡氏注朱氏感興詩一卷余曩日獲活字板古本乃知其久傳於此間矣後又獲高麗本於友人氏校之無甚異同按永樂性理大全編入感興詩其注互舉熊、

胡劉徐數家而蔡氏僅一見於第二十首耳且蔡注孤
行於諸書無所見豈其佚於彼者久歟高麗本附録朱
子詩數十首末又載懼齋注武夷櫂歌今删落其數詩
獨存櫂歌注亦以其無別行也上章涒灘孟夏之月中
九日天瀑識

左氏蒙求跋

吳化龍左氏蒙求一卷朱彝尊以爲佚而此間有刊本
行焉第其每句夾注某公某年恐係後人所攙然是册
原不過供童蒙之求故姑存以便檢尋刊本改題曰左

傳此事今復其舊名化龍元人以為明人者誤庚申涂
月五蓂天瀑識

難經集注跋

難經集注五卷明王九思等集錄吳呂廣唐楊元操宋
丁德用虞庶楊康侯注解者按晁公武郡齋讀書志載
呂陽注一卷丁注五卷陳振孫書錄解題載丁注二卷
馬端臨經籍考引晁氏作呂陽注五卷蓋當時各家別
行至九思等始掇輯以便觀覽耳葉盛菉竹堂書目載
難經集注一冊不著撰人名氏此則書名偶同非九思

所集按王圻續經籍考載全紀天錫難經集注五卷盛之所收恐此耳盛正統進士九思宏治進士則其非是編也明矣其他諸家藏弃書目及乾隆四庫全書總目並未收入若殷仲春醫藏目録宜裒蒐無遺而亦遺之蓋似失傳者然以余不涉醫家但知據目錄考之固質諸醫官多紀廉夫廉夫云近代醫書絶無援引人疑散佚廉夫於醫家惟称賅洽而其言如此則知其果失傳也天方技一家固有其人其存其佚何干我事然小道可觀至理存焉則竟非可棄也癸亥花朝天瀑識

古本蒙求跋

唐李瀚著蒙求三卷采經傳故寔隷以韻語又自注出處於下簡而不遺以便蒙童迨宋徐子光爲之補註第原書欲簡而易記而今乃爲繁閙或濫及他事恐非瀚本意人喜所詳也自補註出而原本佚余獲古鈔本無補註乃其原本矣傳寫之久譌繆非尠然亦秘笈也今活字刷印收之叢書中或目狃乎徐本之增多而病原本之簡省是則賣菜傭之見耳題曰古本蒙求以別通行本文化三年龍集丙寅九月三日天瀑識

玉堂類稾跋

右宋槧本玉堂類稾二十卷西垣類稾二卷南宋崔敦詩所著附錄一卷乃係其歷官制誥及祭文挽詞案史敦詩無傳據姓譜及其墓銘敦詩字大雅常熟人紹興進士官至中書舍人性謹學知大體所陳愷切爲孝宗所器許有文集二十卷奏議五卷制稿二十二卷又著制海監韻等書就司馬公通鑑舉論每代得失正邪成要覽六十卷以奏御命更定呂東萊文鑑其增損去留率有意義又按宋藝文志所載周必大玉堂西垣二稿

二十二卷當即從此本而脫誤以爲周也其他之諸家
書目皆不著錄獨葉盛列之菉竹堂目錄則知明氏中
葉其書猶存也至於乾隆四庫目錄不復則或者及已
亡矣此本古色鬱然其爲初原板無疑焉首有金澤文
庫印記上杉氏舊藏也凡宋刻傳者明清猶爲罕遘況
於萬里之外其可不寶愛乎詳其編纂不過制誥口宣
批答及青詞制語等蓋所謂制稿二十二卷者與其他
奏議文集知大体而剴切者今皆不可見爲可惜已粟
山柴邦彥跋

曩者紫邦輔獲宋槧玉堂類稿與余商榷爲之跋
余時借觀將活字印出彦輔亦慫恿之欲今刷印
方訖則彦輔逝矣不及見也仍附紫跋並識其憾
丁卯十又二月中浣八日天瀑山人識

周易新講義跋

周易新講義十卷宋龔原撰原字深甫又作深之遂昌人官至寶文閣待制宋志著龔原易傳十卷陳振孫書錄解題卷數同晁公武讀書志則作二十卷二字疑羨晁志有介甫三經義皆頒學官獨易解自謂少作未善

不專以取士故紹聖後復有龔原耿南仲注易偕行於場屋始知當時盛行於世矣若李衡義海撮要趙汝梅並宗李簡學易記熊良輔本義集成董季真會通往往援引龔説互有出入而又載今本不載之説按宋志又著龔原續易義十七卷則其各書所援引而今本不載者或當出於續義此其書在元時並存焉若永樂大全所載則皆龔會通康熙折中亦似非原書揀出及查文淵閣書目無是書朱彝尊經義考亦注為未見乾隆四庫總目獨録耿南仲講義而不録斯編則其為失傳

意當無疑焉本傳云安石改學校法引原自助原亦為盡力其後司馬光名與語識切王氏原反覆辨捄不稍衰光嘆曰王氏習氣尚爾耶龜山楊氏曰深甫說易元無所見一生用功都無是處果然其人與書無足貴重也但以宋代古笈存世頗希殘簡斷編尚可寶愛況一家完帙亦可以據證見王學一派則在好古家或所不廢因較以付活版文化五年夏四月天瀑山人識

吾妻鏡補卷二十一

吳江翁廣平　海琛纂

藝文志四

朝衡　唐書開元初日本阿閉天皇遣使入貢朝衡為副使衡原名仲滿慕中國之風因留不去易姓名曰晁衡字巨卿仕唐歷佐補闕儀王友好書籍多所該識工詩及歸王維趙驊有詩序送之旋來朝儲光羲有洛中遺晁校書衡詩天寶十一載日本孝謙天皇遣藤源清河使長安元宰命晁衡導清河等視府庫

及三教殿使事畢同歸包信有詩送之天寶十二載衡復來朝服官如故上元二年擢左散騎常侍鎮南都護求內外經教及傳戒衡留京師前後凡五十年始歸卒李白哭以詩云日本晁卿辭帝都征帆一片繞蓬壺明月不歸沉碧海白雲愁色滿蒼梧衡蓋沒於海也

衡命還國作

衡命將辭國非才忝侍臣天中戀明主海外憶慈親伏奏違金闕騑驂去玉津蓬萊鄉路遠草木故園鄰西望

懷恩日東歸感義長平生一寶劍留贈結交人

附金德真　謹按

欽定全唐詩錄金德真新羅王金真平女也平無子女嗣立爲王永徽元年德真大破百濟之衆遣其宗弟法敏以聞德真乃織錦作五言太平詩以獻

此詩與唐書新羅傳有九字不同茲以欽定本爲正而附注唐書於下

太平詩

大（唐書作巨）唐開宏業巍巍皇猷昌止戈戎衣（作大）成定修（作興）文繼百王統天崇雨施治物体含章深仁諧日月撫運

邁時康幡旗既赫〻鉦鼓何鍠〻外夷違命者剪覆被
天殃和（作淳）風凝宇宙（作幽顯）遐邇競呈祥四時調（作和）玉燭
七曜巡萬方維嶽降宰輔維帝任忠良三五成一德照、
（作昭）我唐家唐

附金城藏　新羅國王子唐至德初落髮航海隱
於池之九華山

送童子下山
空門寂寞汝思家禮別雲房下九華愛向竹欄騎竹馬
懶於金地聚金沙添瓶澗底休拈月烹、茗甌中罷弄花

好去不須頻下淚老僧相伴有烟霞

附金立之　新羅人憲德王七年從金昕入唐全

唐詩逸摘千載佳句

句

烟波樹頭驚宿鳥露凝苔上暗流螢秋夜望月

山人見月寧思寢更掬寒泉滿手霜峽山寺玩月

紺殿雨晴松色冷禪林風起竹聲餘贈龍寺僧

風過古殿香烟散月到前林竹露清宿豈德寺

更有閑宵清淨鏡曲江澄月對心虛贈僧

寒露已催鴻北去火雲漸散月西流秋夕

園梅坼甲迎春笑庭草摧心待節芳早春

鬱檀　戲鴻堂法帖有鬱檀老拾遺二人詩蓋宋時

日本人所書草法甚佳有三人題欵　日本草書如

唐人學二王筆跡晋陽張城一嘗覽　子瞻題

日本去國幾千里人物與中華同蓋太平日久漸被

之使然也　彥光題

暮春遊施無畏寺翫半落花絕句為韻　一　一

落花委地亦殘枝如有如空意始知何似道場壇越老

年頽白髮半頭時

老拾遺

三月盡日施於無畏事絕句為体

艷陽三月今日盡白首拾遺感懷催欲以危身期後會

明春誰定見花開

釋寂照一作照寂　宋史景德元年日本僧寂照八人來

朝識文字繕寫甚妙詔號圓通大師賜紫方袍

楊文公談苑照寂日本僧號圓通大師景德中入

貢三司使丁晋公悦之為言姑蘇山水奇秀因留

止吳門僧寺　陶宗儀記外域書日本國於宋景德三年嘗有僧入貢不通華言善筆札命以牘對名寂照號圓通大師國中多習王右軍書照頗得筆法南海商人船自其國還得王荣與照書稱野人若愚又左大臣藤原道長書又治部卿源從英書凡三通皆二王之跡而若愚章草特妙紙墨光精　雞窗叢話日本國在唐宋時俱貢方物其貢使皆以僧充之真宗景德元年僧寂照入貢賜號圓通大師慕中國人物不願歸住吳中佛寺得與

蘇米秦黃諸公與西園之雅集亦屬國之名僧也

以黑金水瓶寄丁晉公

提携三五載日用不曾離曉井斟殘月春鑪釋夜澌鄙銀難免侈菜石易成虧此器堅還寔寄公應可知

嗜哩嘛哈 一作答黑麻或曰那普福

答大明皇帝問日本風俗

國比中原國人同上古人衣冠唐制度礼樂漢君臣銀甕蒭清酒金刀鱠紫鱗年年二三月桃李自陽春

西湖

一株楊柳一枝花原是唐朝賣酒家唯有吾邦風土異、
春深無處不桑麻

普福　明詩綜宣德七年倭船入貢凡九艘其使普
福迷失於樂清縣沙篙藤嶺獲解

歎懷

來遊上國看中原細嚼青松咽冷烟慈母在堂年八十
孫光為客路三千心依北闕浮雲外身在西山返照邊
處處朱門花柳巷不知歸日是何年

源常熙、　金山縣志有鞠祥者事母盡孝工吟咏商

日本留十八年而歸有金吾源常熙僧等禪清播

賦詩送之按源詩有一姓官家百一初之句人頗不解平謂日本國王未嘗易姓故曰一姓官家其曰百一初者按日本年號箋每王各書曰第幾代鞠祥明初當送還時則一百一代之初年也今日本一百二十代

送鞠祥還鄉

流寓殊方十八年生還中土豈非天冷泉解纜好風便

三月落帆鄞水邊

偶副皇華過舊廬親鄰相見遠何如海東盛事逢人間

一姓官家百一初

釋等禪字搏桑

送鞠祥還鄉

西土舊豪傑當今掄楚材鴻臚屢通譯鯨海已重來帆影扶桑曉鞋香輦轂埃青雲生足下賤跡恐難陪

釋清播字日城

送鞠祥還鄉

異域秋深橘柚霜知恩旅寓不忘鄉西風五兩金山去童稚候門觀在堂

絕海和尚　日本奥州志村石溪先生日紀卅有熊

野山中國秦始皇令徐福與童男女五百人入海
求蓬萊山徐福遂到此卌熊野山下居住其後居
富士山下云有絶海和尚者常浮海至中國大明
皇帝召見問法要帝因指日本圖經熊野山命其
作詩

答大明皇帝問熊野山
熊野山前徐福祠滿山藥草雨餘肥只今海上波濤穩
萬里好風須早歸

吳萊

聽客話熊野山徐市廟

大瀛海岸古紀州山石萬仞插海流徐市求仙乃得死
紫芝老盡今人愁就中滿載童男女南面稱王自氏伍
蒼劍凌天化曉雲鉄船赴壑泯秋雨瑯琊臺上望欲空
日出未出扶桑紅魂漂三神入夢幻淚灑萬鬼真英雄
真人獨見阜香爲奉使遥傳鎬池璧桃源草樹同一香
紵嶼蛟龍散無迹古往今來亦可憐世間何處有神仙
文成五利猶謄說不惜秦年惜漢年

中心叟　胡經甫金山志吏日本使臣

弔郭璞墓

遺音寂寂鎖龍門此日青囊竟不聞水底有天行日月
墓前無地拜兒孫秋風野寺施香飯夜月漁燈照斷魂
我有誄詞招不返停船空見白鷗羣

石鼎　余永麟北窗瑣語日本粗知文義嘉靖乙
亥入貢正使石鼎周良珠宣用琳解文字者也

春雪

昨夜東風換北風釀成春雪滿長空梨花樹上白添白
杏子枝頭紅不紅鶯問幾時能出谷燕愁何日得泥融

吾妻鏡補　卷二十

寒氷鎖却千秋雪路阻行人去不通

周良珠

遊育王寺

偶来覧勝鄮峯境山路行行雪作堆風攪空林飢虎嘯
雲埋老樹斷猿哀抬頭東塔又西塔移歩前臺更後台
正是如来真境界朧天香散一枝梅

江樓留別　四夷廣記

青嶂倚樓〻倚渡遠人送客此經過西風楊子江邊柳
落葉不如離思多

宣用琳

萍

錦鱗密〻漫施針帶葉連根不計深常與白雲寺映面

豈容明月墜波心千條兩線穿難破萬頃風濤滚不沉

多少魚龍藏在下漁郎無計把鈎尋

　被張太守禁舟中

老鶴徘徊日本東笑看宇宙作樊籠空教飛入尧天潤

遂在扁舟一葉中

無名氏　西墅雜記成化甲午倭人入貢見闌前蜀

葵花不識問之答曰一丈紅

咏一丈紅

花如木槿花相似葉比芙蓉葉一般五尺欄干遮不盡

尚留一半與人看

無名氏　寄園寄所寄正德間日本使者經西湖題

詩云

咏西湖

昔年曾見此湖圖不信人間有此湖今日打從湖上過

畫工還欠着工夫

四友亭詩

四友亭名萬古香清風曾遞到遐方我來不見亭中主
松竹青〻梅自黄

春日感懷

中原二月綺如塵異卉奇葩景物新可是吾天仁更潤
小唐幽草亦成春

奉邊將詩

棄子抛妻入大唐將軍何事苦提防関津橋上團圓月
天地無私一樣光

無名氏　堯山堂外紀

雨中往曹娥江

渺渺茫茫浪撥天霏霏拂拂雨和烟蒼蒼翠翠山遮寺
白白紅紅花滿川整整齊齊沙上雁來來往往渡頭船
行行坐坐看無盡世世生生作話傳

天連湖水水連天烟鎖孤村村鎖烟樹繞藤羅羅繞樹
川通巫峽峽通川酒迷醉客客迷酒船送行人人送船
此會應難難會此傳今話古古今傳

釋天祥沐氏滄海遺珠下二人同

寄南珍

上人居處僻心與石泉清道在從違俗身閒不用名空階松子落雨徑蘚花生怪得希相見年〻懶到城

題龍關水樓

此樓空眺好終日倚平湖葉盡村〻樹花殘岸〻蘆漁翁晴獨釣沙鳥晚相呼何處微鐘動雲藏島寺孤

次韻惟心見寄

世間無住著林下且棲遲映户幽花發侵階乱竹垂老年銷記性餘結未忘詩此意難爲說西峯道者知

贈李生

異域無親友，孤懷苦別離。雨中春盡日，湖外客歸時。花落青山路，鶯啼綠柳枝。從今分手後，兩地可想思。

送贈歸重慶

東西千萬里，來去一身輕。碧鳳山前別，黄楊雨裏行。江長巴子國，地入夜郎城。昔我經過處，因君動遠情。

哭宋士熙

衆山搖落日，那忍哭先生。老眼非無淚，深交最有情。人猶惜才調，天可厭聰明。書法并詩律，空留後世名。

題虚邱寺

東西兩寺今為一有客登臨見斫碑剩水残山王霸業
苦風酸雨鬼仙詩樓台半落長洲苑鼎鼓時來短簿祠
盤郢魚腸何處是轆轤千尺嚮空池

呈同社諸友

君住峯頭我水濱相思只隔一孤雲夜燈影向空中見
晨磬声從樹杪聞咫尺誰知多役夢尋常心似遠離羣
今朝偶過高樓處坐接微言到夕曛

夢裏湖山為孫懷玉作

杭城一別已多年夢裏湖山尚宛然三竺樓台晴似畫六橋春柳晚如烟青雲鶴下梅邊墓白髮僧談石上緣殘睡鷺來倍惆悵可堪身世老南滇

長安春日

何事長安客春來思易迷樂遊原上草無日不萋萋

榆城聽角

十年遊子在天涯一夜秋風又憶家恨煞葉榆城上角曉來吹入小梅花

暮春病懷

落花滿地雨絲〻九十春光又別離行樂送春人有限那堪多病過花時

釋机先　鑑机先日本人先有滇陽八景詩曰豈料長為南竄客朝〻相對獨爲翁國初日本僧入貢者多謫居滇南故沐氏得錄其詩胡粹中挽鑑机先詩云日本扶桑極東處雲歸滇海最西頭知机先歿於滇也

寄西山石隱

碧鷄山上雪想可埋岩房老僧凍不死燒葉生微陽我

欲往從之杳杳川無梁日落尚延佇心遥歸鳥翔

長想思

長想思想思長有美人兮在扶桑手攀珊瑚酌霞氣口誦太乙朝東皇鯨波摩天下可航矯首欲渡川無梁去時遺我瓊瑶章蛮箋半副雙鴛鴦鴛鴦不飛墨色改攪涕一讀三斷腸前年寄書吴王臺西湖楊柳青如昔今年東風楊柳動鴻雁一去何當回欲彈朱絃絃斷絕欲放悲歌声哽咽猿鳥夜舞南山雲花清簾前杜鵑血思君不如天上月夜夜飛從東海出月明常傍美人身美人

人亦逝明月輪褰衣把酒問明月中宵見月如見君長
相思長如許千種消愁〻不已乱絲零落多頭緒但將
淚寄東流波爲流我入扶桑去

送别

天書召賈生匹馬出滇城白首相逢處青雲送别情山
經巫峽盡水到楚江平好献治安策殷勤答聖明

挽陸光古先生

昨日來過我今去朝哭君那堪談笑際便作死生分〻曠
達陶徵士蕭條鄭廣文猶憐埋骨處西北有孤雲

寄仲翔外史

天涯又索居歲宴近何如遠水蒼茫外空山寂寞餘老逢諸事懶病覺故交疏想見多閑暇應修輔教書

梁王閣 在碧鷄山下

碧鷄飛去已千秋聞說梁王曾此遊洞口仙桃迎鳳輦岩前官柳繫龍舟青山有恨人何在白日無情水自流豈識當時歌舞地寒烟漠漠鎖荒邱

碧鷄秋色 滇陽八景之一

碧鷄西望水天虛漠漠秋光畫不如翠壁烟華搖浪處

丹崖樹色着霜初前朝有閣今遊鹿落日何人獨釣魚
却訝維舟湓浦上芙蓉九疊看匡廬

寄石隱

古木積蒼烟空山夜悄然遥知崖上月獨照病中禪

聞笛

夜深吹笛是誰家獨倚高樓月欲斜塞上春情無懶甚
那堪又聽落梅花

雪夜偶成二首

畫角声残曙色遲雪花如掌朔風吹吟中二十年三昧

未了梅花一首詩

定起閒吟獨倚闌朔風吹面雪漫〻修心不到梅花地
耐得山中一夜寒

釋克全字大全陶宗儀記外域書曩與其國僧克
全字大全者偶解后於海漵一禪刹中頗習華言
云彼中自有國字〻母僅四十有七能通識之便
可解其音義因索寫一過就叩其理其聯湊成字
處髣髴蒙古字法也全又以彼中字体寫中國詩
文雖不可讀而筆勢縱横龍蛇飛動儼有顛素之

遺

挽陸光古

氣宇自豪邁孤超傲世時冥鴻冲漢志野鶴出塵姿筆
勢雲烟起詩名草木知論交三十載死別抱長悲

釋全俊字秀崖姓神氏日本北陸道信濃州高井縣
人依善應寺快鈍夫出家快印月江嗣子也宋學士集

和宋學士贈詩

一回錯買離鄉船抹過鯨波萬里間震旦扶桑無異土
參方飽看浙西山

釋左省　沈潤卿吏隱錄日本使者朝貢過吳內一
僧任謁祝京兆希哲不值子與弟瀚偶遇之索紙
書字問之僧亦書以答云余乃俄補一官之闕祇
有其名貧凍沙門也名左省號鈍牛又曰我中國
無此官惟禪僧學本國文字故充使臣耳聞謁祝
君何為又書曰仲春之初雨雪連日蓬底僵卧今
日新晴叩祝君書屋遇君一笑依稀十年之舊杜
少陵所謂能吏逢聯璧華筵值一金者也幸賦小
詩以呈後知其欲求希哲一文耳

呈沈潤卿先生

二月天和乍雪晴見君如見祝先生醉中不覺虛澹滴

吟作燈前細雨聲

附全四册目録

吾妻鏡補（四）